# DES ARGENTARII

## EN DROIT ROMAIN

# DES AGENTS DE CHANGE

## EN DROIT FRANÇAIS

## THÈSE POUR LE DOCTORAT

PRÉSENTÉE ET SOUTENUE

Le Mercredi 10 Avril 1889, à 3 heures 1/2

PAR

**Edmond DULCEUX**

Président : M. BOISTEL, *professeur*

Suffragants {
MM. RATAUD, *professeur.*
DESJARDINS, *professeur.*
JOBBÉ-DUVAL, *agrégé.*

## PARIS

**Librairie A. GIARD** | IMPRIMERIE DES ÉCOLES

**Henri JOUVE**

16, RUE SOUFFLOT, 16 | 23, Rue Racine, 23

1889

# DES ARGENTARII

## EN DROIT ROMAIN

# DES AGENTS DE CHANGE

## EN DROIT FRANÇAIS

## THÈSE POUR LE DOCTORAT

PRÉSENTÉE ET SOUTENUE

*Le Mercredi 10 Avril 1889, à 3 heures 1/2*

PAR

**Edmond DULCEUX**

*Président* : M. BOISTEL, *professeur*
MM. RATAUD, *professeur*.
DESJARDINS, *professeur*.
JOBBE-DUVAL, *agrégé*.

## PARIS

<table>
<tr><td>Librairie A. GIARD</td><td>IMPRIMERIE DES ÉCOLES</td></tr>
<tr><td>16, RUE SOUFFLOT, 16</td><td>Henri JOUVE<br>23, Rue Racine, 23</td></tr>
</table>

1889

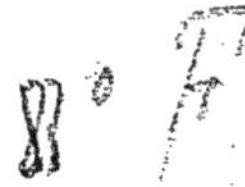

# DES ARGENTARII

## CHAPITRE I<sup>er</sup>

### DE L'ORGANISATION DES « ARGENTARII »

Nous examinerons successivement dans ce chapitre les questions suivantes : 1° notions générales ; 2° fonctions des *argentarii* ; 3° sociétés formées entre eux ; 4° livres obligatoires des *argentarii*.

### § 1<sup>er</sup>. — *Notions générales.*

Les opérations de banque roulant sur les capitaux, ce n'est pas dans les sociétés primitives, où le numéraire est inconnu, qu'on peut rencontrer l'institution des banques : leur existence suppose une organisation sociale et un commerce déjà développés.

« Autrefois, dit Paul (1), il n'y avait pas de monnaie, et l'on n'appelait pas une chose marchandise et l'autre prix ; mais chacun selon la nécessité du moment et le besoin des choses, échange pour des objets utiles ceux qui lui sont inutiles. Souvent en effet l'un a en trop ce qui manque à un autre, mais comme il arrive difficilement que celui qui cherche une chose vous en offre une autre telle que vous la désiriez vous-même, on pourvut aux difficultés des échanges par le choix d'une matière estimée en tout temps et par tout le monde, d'une matière qui mesure et vaut suivant sa quantité la valeur des choses. Cette matière tire son titre de sa quantité contrôlée et certifiée par un signe public. »

Nous n'entrerons pas dans l'étude des monnaies romaines (2) ; il nous suffira de savoir qu'elles furent tour à tour modifiées dans leur poids, leurs titres et les fractions divisionnaires, et que ce qu'on appelle aujourd'hui l'étalon monétaire fut successivement le cuivre, l'argent et l'or.

La circulation dans l'empire romain de toutes ces monnaies et des monnaies étrangères, que la conquête y avait fait affluer, donna naissance à une première opération, qui fut le change sur place. A la suite des mo-

1. Loi 1, Digeste, livre 18, titre 1.
2. Voir Marquardt (De l'organisation financière à Rome), traduction de M. Vigié.

dification subies par les monnaies romaines, le rapport de valeur entre les différents métaux et entre les différents types monétaires variant constamment, il devenait nécessaire d'échanger les anciennes pièces contre les nouvelles, ou encore d'échanger les monnaies romaines contre les étrangères et réciproquement, suivant le besoin que l'on avait de l'une ou de l'autre.

D'après M. Courcelle Seneuil (1), « la plus anciennement connue de toutes les opérations de banque est le change des monnaies. Les changeurs assis devant leurs tables changeaient les unes contre les autres les diverses monnaies nationales et étrangères... Ensuite et successivement, ils se sont livrés à toutes les opérations de banque. »

Il serait difficile de préciser l'époque à laquelle ils se sont livrés aux diverses opérations de banque ; toutefois, si l'on s'en rapporte à Tite-Live, il n'est pas douteux que des *argentarii* étaient déjà installés sur le Forum pendant la guerre contre les Sammites, c'est-à-dire trois cents ans après la fondation de Rome. Cet historien nous apprend en effet qu'après le triomphe de Papirius Cursor, les boucliers, tout brillants d'or des vaincus, furent distribués aux banquiers établis sur le Forum, afin de contribuer à son embellissement (2).

Les boutiques des *argentarii*, appelées *officinæ*, *argen-*

1. Traité des opérations de banque.
2. Tite Live, IX, C. 40.

*tariæ tabernæ*, étaient construites autour du Forum ; la plupart se trouvaient près des temples de Castor et de Janus. Les *tabernæ* appartenaient à l'Etat qui les louait aux *argentarii*. Aussi quand un banquier vendait sa *taberna*, ce n'était pas la boutique elle-même ni le sol sur lequel elle était construite qu'il cédait, mais seulement le commerce lui-même (1).

Pour exercer la profession d'*argentarius*, il n'était pas nécessaire d'avoir une capacité spéciale : les hommes libres ou les esclaves (2), les personnes *sui juris* ou les fils de famille (3) et même les étrangers, pouvaient en remplir les fonctions, soit à titre de préposés, soit à titre de patrons.

Dans le cas où un esclave tenait une *argentaria, voluntate domini*, le maître était tenu *in solidum* par l'action *institoria* des opérations qu'il était censé faire lui-même par son intermédiaire. Si l'esclave agissait *nesciente domino*, le maître était tenu soit de *in rem verso*, soit *de peculio* suivant les cas.

Si l'administration d'une banque était confiée à un fils de famille, il obligeait le *paterfamilias* pour tout fait compris dans cette administration, et cela *in solidum*, en vertu de l'action *institoria*. Mais le fils de famille pouvait-il tenir une banque à titre de patron ? Nous pensons qu'il aurait eu ce droit s'il avait un pécule *castrense* ou

1. Ulpien. L. 32, Dig., liv. 18, t. 1.
2. L. 4 § 3, Dig., liv. 2, t. 13.
3. L. 4 § 2, Dig., liv. 2, t. 13.

*quasi castrense*; dans ce cas, en effet, le créancier pouvait poursuivre le fils de famille sur son pécule et procéder aux actes d'exécution sur les biens qui le composaient, sans qu'on pût lui opposer l'exception tirée du sénatus-consulte Macédonien (1).

Dans le cas contraire, le sénatus-consulte Macédonien défendant de prêter de l'argent à ceux qui étaient sous la puissance paternelle, nous croyons qu'il lui aurait été impossible de tenir une *argentaria*.

On n'est pas d'accord sur le point de savoir si les femmes pouvaient exercer la profession de banquier. D'après la loi 12 (2), au Digeste, elles seraient exclues de cette fonction : « *Feminæ remotæ videntur ab officio argentarii, cum ea opera virilis sit.* » Mais on a soutenu le contraire en s'appuyant sur un rescrit d'Antonin le Pieux (3), dont la fin porte ces mots : « *Nam quod desideras ut rationes adversaria tua exhibeat, id ex causa ad judicis officium pertinere solet.* » Les mots *adversaria tua* indiqueraient qu'il s'agit d'une femme et l'*exhibitio rationum* demandée prouverait que cette femme exerçait la profession d'*argentaria*.

A notre avis, ce texte est loin d'être décisif : le mot *adversaria* ne prouve pas qu'il s'agisse d'une femme ; il peut être question de la partie adverse, le mot *pars* étant sous-entendu. De plus, en parcourant les diverses lois de notre titre, on s'aperçoit qu'elles ne font que poser

1. Loi 1 § 3. De sct. Maced.
2. Loi 12, Digeste, liv. 2, t. 13.
3. Loi 1, Code, liv. 2, t. 1.

des règles générales à tous les procès, d'où la conséquence que l'*editio rationum* dont il est ici question ne
s'appliquerait pas plus aux *argentarii* qu'à d'autres personnes. Enfin, certains actes nécessaires à l'exploitation
d'une banque étaient interdits aux femmes en vertu du
sénatus-consulte Velléien. Elles ne pouvaient pas s'obliger par *constitutum* (1) ou par *receptum*. Il faut en conclure, selon nous, que les femmes ne pouvaient pas
exercer la profession d'*argentariæ*.

Les étrangers, au contraire, pouvaient être banquiers
et nous n'en voudrions pour preuve que les noms mêmes
de τραπεζῖται ou de *collybistæ* qui se rencontrent parmi les
nombreuses dénominations sous lesquelles on désignait
les banquiers.

On leur donnait, en effet, les noms de *mensarii*, *mensularii*, *nummularii*, *argentarii*, sans compter beaucoup
d'autres désignations sur lesquelles nous ne nous arrête-
rons pas.

Ces diverses dénominations étaient-elles synonymes ou
désignaient-elles des professions distinctes? C'est une
question qu'il est difficile de résoudre d'une façon caté-
gorique; car les fragments des auteurs, tout en laissant
soupçonner quelques traces d'une différence, ne permettent pas d'en préciser les conséquences pratiques.

Le nom générique semble être celui d'*argentarii*, c'est

1. Il faut distinguer, bien entendu, le *constitutum proprii debiti* et
le *constitutum debiti alieni* ; c'est ce dernier seul qui était interdit
aux femmes.

ainsi que nous les trouvons désignés dans un titre du Digeste (1) que nous aurons l'occasion d'étudier à propos de la représentation des livres.

Qu'entendait-on par les *mensarii* ou *mensularii?* En ce qui concerne l'expression de *mensarius*, il faut tout d'abord écarter une de ses acceptions, qui est certainement étrangère à notre sujet. A Rome, dans les moments de crise, il était d'usage de nommer des magistrats provisoires, chargés de prendre les mesures qu'exigeaient les besoins du moment. C'est ainsi qu'en l'an de Rome 403, les débiteurs se trouvaient tellement obérés, qu'on résolut de venir à leurs secours, soit en leur avançant des sommes prises sur le Trésor, soit en astreignant leurs créanciers à recevoir en paiement des biens mobiliers ou immobiliers après estimation : cette mission fut confiée à cinq magistrats appelés *quinque viri mensarii* (2). Nous voyons aussi que pendant la deuxième guerre punique en l'an de Rome 506, on créa les *triumviri mensarii,* qui étaient chargés de recevoir les dons faits à la patrie pour l'aider à soutenir la lutte contre les Carthaginois. C'étaient de véritables fonctionnaires publics dont le pouvoir finissait avec les circonstances qui les avaient fait établir et qui ne doivent pas être confondus avec les banquiers.

L'expression de *mensarius* ainsi que celle de *mensularius* qui en est dérivée ont été synonymes de *nummularius,*

1. Dig., liv. 2, t. 13.
2. Tite Live, VII, C, 21,

En effet, la loi 47 au Digeste, *de pactis,* emploie indistinctement les deux mots de *mensularius* et de *nummularius* pour désigner une même personne; de même Suétone raconte que l'on reprochait à Auguste de descendre d'un *nummularius* qu'il appelle dans la même phrase *mensarius* et Festus dit « *mensarius id est nummularius.* » Il est donc probable que ces expressions de *mensarius* ou de *mensularius* correspondaient à celle de *nummularius.* Qu'était-ce alors que le *nummularius;* était-il différent de l'*argentarius?* D'après un texte du Digeste (1), il y aurait une distinction à faire entre ces deux catégories de banquiers. En effet ce texte, après avoir parlé du rendement de compte obligatoire pour les *argentarii,* s'exprime ainsi : « *Nummularios quoque non esse iniquum cogi rationes edere Pomponius scribit.* » Il semble donc qu'il existait une différence, la difficulté est de la signaler.

Les *nummularii* étaient-ils les commis des *argentarii* comme le prétend Saumaise, ou bien des *argentarii* de condition inférieure, comme l'affirme Cujas, ou de simples changeurs, comme le propose Faber ? Aucune de ces opinions ne pouvant s'appuyer sur des textes précis, il faut se rallier à celle qui semble présenter les plus grandes probabilités en sa faveur, et, d'après nous, c'est la dernière : le *nummularius* aurait été un changeur. Suivant Marquardt (2), les opérations de change, notamment

1. L. 9, § 2, Dig., liv. 2, t. 13.
2. Marquardt, De l'organisation financière chez les Romains. Traduction Vigié, p. 81,

le change des monnaies étrangères et la vente des monnaies romaines, paraissent avoir été réservées à l'origine aux *nummularii*. Tout en s'occupant du change, il est vraisemblable qu'ils durent bientôt faire, concurremment avec les *argentarii*, toutes les opérations qui rentrent dans le commerce des banques, acceptant des capitaux en dépôt, les plaçant à intérêts, faisant des paiements pour autrui. Il était juste alors que, du jour où ils se livrèrent à ces opérations, ils fussent soumis aux mêmes règles que les *argentarii*. Si on ne peut, comme nous l'avons dit, trouver aucun texte pour appuyer cette opinion, elle est tout au moins très vraisemblable ; d'ailleurs, la question n'est pas très importante, car s'il y a eu dans le principe une différence entre l'*argentarius* et le *nummularius*, cette différence avait déjà disparu aux yeux de Suétone (1), et il est certain que sous Justinien ces expressions étaient devenues synonymes.

Les *argentarii* avaient avec eux des commis, des préposés pour l'exploitation de leur commerce. Au nombre de ces commis se trouvaient les *coactores, collectarii*, qu'il ne faut pas confondre avec leurs patrons. Les *argentarii* faisaient, ainsi que nous le verrons, outre les opérations de banque, l'office de commissaires-priseurs, c'est-à-dire vendaient aux enchères publiques soit les meubles qu'on leur remettait pour être vendus, soit les gages non retirés par leurs clients. Quand ils procédaient en cette qua-

1  Suétone Auguste, ch. IV, 5, et ch. IX.

lité, les *argentarii* avaient avec eux leurs *coactores* chargés de recevoir l'argent des acheteurs.


### § II. — *Fonctions des argentarii.*


En dehors de la banque, *les argentarii* remplissaient
certaines fonctions que nous allons rapidement examiner.

Et d'abord ils étaient chargés d'effectuer les ventes aux
enchères (1) de meubles ou d'immeubles. Ces ventes
avaient lieu sur le Forum.

En règle générale *l'argentarius* ne pouvait exiger le
paiement du prix qu'après livraison des choses vendues ;
mais il lui était permis de déclarer, avant la vente, que
les objets vendus ne seraient livrés que contre le paiement
du prix. Si dans ce cas l'acheteur auquel le paiement était
réclamé, opposait l'exception *rei venditæ nec traditæ*, *l'argentarius* avait la réplique « *nisi prædictum sit, ne aliter
res emptori traderetur quam si pretium emptor solverit.* »
La vente faite, le banquier se chargeait du recouvre-
ment du prix et le remettait au vendeur : ce recouvre-
ment était fait par les soins des *coactores*, ses commis ou
ses esclaves.

On stipulait de *l'argentarius* le prix atteint par les enchères. Cette stipulation substituait une action de droit

1, Cicéron. Pro Cœcina, 6 ; L. 88, De Solut. livre 46, t. 3,

strict à l'action de bonne foi qui serait née du mandat ;
et il en résultait qu'avant la constitution de Marc-Aurèle,
qui introduisit l'exception de compensation dans les actions de droit strict, *l'argentarius* ne pouvait déduire de
la somme provenant de la vente, la commission qui lui
était due.

En second lieu, les *argentarii* remplissaient l'office de
courtiers. Comme les ventes se faisaient par leur intermédiaire, ils furent amenés tout naturellement à se charger de la recherche des marchés à effectuer et des négociations à nouer : Plaute nous montre en effet un *argentarius*
courtier dans une vente d'esclaves (1).

Ils servaient aussi d'intermédiaires dans les paiements
et sous ce rapport leur ministère était extrêmement utile,
à cause des variations incessantes des monnaies romaines.
D'anciennes pièces en effet circulant dans le commerce en
même temps que des pièces étrangères, il fallait une
grande expérience pour apprécier leur valeur. Il était
alors utile et même nécessaire de s'adresser aux *argentarii*
que leur grande habitude de manier l'argent empêchait
de se tromper sur le titre des monnaies.

Les *argentarii* se rapprochaient en outre des notaires :
les registres qu'ils étaient obligés de tenir faisaient foi en
justice, et les opérations qui y étaient constatées, étaient
réputées avoir eu lieu ainsi qu'ils le rapportaient.

Enfin ils servaient d'intermédiaires pour la mise en cir-

1. Plaute, Curculio, acte III.

culation des monnaies et leur intervention était une garantie de leur sincérité : ils recevaient les pièces anciennes, donnaient en échange les pièces nouvelles et perce-
vaient sur cette opération un droit qui était fixé par le
prince.

Telles étaient en dehors de la banque les principales
fonctions attribuées aux *argentarii*.


## § III. — *Des sociétés d'argentarii.*


Les *argentarii* s'associaient quelquefois pour l'exploi-
tationd'une *argentaria* : le Digeste nous parle à plusieurs
reprises de ces sociétés (1).

Il est probable que c'étaient des *societates alicujus nego-
tiationis*, et que les *argentarii* ne recouraient pas, en pratique, à la société universelle, et qu'ils se contentaient de
partager les risques de bonne ou de mauvaise fortune
attachés à leur industrie sans chercher à les augmenter
par des opérations étrangères au but de la société. C'est
ce qui semble résulter d'un texte au Digeste (2), qui faisant allusion aux conséquences de ces associations, laisse
en propre à chaque associé tous les profits qu'il retire
d'une cause étrangère à la société. Il n'y a rien là d'ail-

1. L. 25, Dig., livre 2, t. 14 ; L. 27, pr. Dig., liv. 2, t. 14.
2. L. 52 § 5, Dig., liv. 17, t. 2.

leurs qui ne soit absolument conforme aux principes ordinaires du droit.

Mais d'après Cicéron dont l'assertion est confirmée par une loi du Digeste, les sociétés d'*argentarii*, présentaient un caractère tout spécial, qui consistait dans une solidarité, soit active, soit passive existant entre les associés en raison de leurs engagements. Cicéron nous dit en effet que le tiers qui traitait avec un seul des *argentarii socii*, à l'occasion de l'*argentaria* pouvait poursuivre *in solidum* l'un ou l'autre des associés. C'est du moins ce qui résulte d'un passage de l'ouvrage connu sous le nom de *Rhétorique à Herennius* et attribué à Cicéron (1) « *id quod argentario tuleris expensum a socio ejus recte repetere possis.* » (2)

Par contre, nous voyons dans la loi 27 que, lorsqu'un tiers était débiteur d'un *argentarius*, il pouvait être poursuivi *in solidum* par l'un quelconque des *argentarii socii* : « *tantum enim constitutum ut solidum alter petere possit.* »

A la différence de ce qui a lieu en droit commun, la solidarité existe indépendamment de la volonté des parties. Cela tenait à la nature et à l'importance des opérations des *argentarii* et aussi à ce que l'*argentaria* avait pour ainsi dire une existence à soi en dehors des *argentarii* ; ce n'était pas avec l'un ou l'autre des banquiers associés, mais avec la banque que le tiers contractait : il ne connaissait que l'*argentaria*.

1. Rhétorique à Herennius, 11, 13.
2. L. 27, pr. Dig., liv. 2, t. 14.

La loi 27, *de pactis*, nous apprend que si l'un des *argentarii socii* a consenti un pacte de remise au débiteur, ce pacte ne sera pas opposable à son associé ; il en est ainsi non seulement si le pacte a été consenti *in personam (ego non petam)* mais même s'il a été fait *in rem (non petetur)*. En effet, Paul, dans la loi 27 a décidé que dans tous les cas le pacte de *non petendo* consenti par l'un des associés ne pourrait pas nuire à l'autre. C'est d'ailleurs une disposition commune à tous les créanciers solidaires.

L'*argentarius socius* ne pouvait donc pas éteindre la dette par une remise, mais pouvait-il la nover ? La solution de cette question dépend de l'interprétation de la loi 27 *de pactis*, et de sa conciliation avec la loi 31 *de novationibus*.

La loi 27, *de pactis*, nous présente l'hypothèse où l'un des *argentarii socii* a fait un pacte de remise à l'un des débiteurs. Dans ce cas l'exception sera-t-elle opposable à un autre *argentarius socius* ?

Non, disent Neratius, Attilicinus, Proculus lors même que ce pacte serait *in rem* ; car tout ce qui a été établi, c'est qu'il peut se faire payer la totalité de la créance. C'est aussi l'avis de Labéon ; car dit-il, *tel peut recevoir un paiement, qui ne peut nover*, par exemple ceux qui sont en notre puissance à qui on peut valablement payer, bien qu'ils ne puissent nover. Cela est vrai, ajoute Paul, et il en est de même dans le cas de deux *rei stipulandi*.

Dans la loi 31, *de novationibus*, en supposant deux *rei stipulandi*, on demande si l'un des deux a le droit de no-

ver, et quel est le droit de chacun? Un seul peut bien recevoir le paiement, un seul peut bien dans une demande
en justice plaider sur la chose tout entière, un seul par
l'acceptilation peut détruire l'obligation ; d'où l'on con-
clut que chacun des *rei stipulandi* acquiert autant de droits,
que s'il était seul stipulant, sauf qu'il peut perdre son débiteur par le fait de son costipulant, lorsqu'il agit dans
ce but. Bien mieux, nous assimilons au paiement cette
stipulation de novation. Autrement, que dirions-nous
quand l'un des *rei* délègue à son créancier le débiteur
commun ?

Ces deux lois sont-elles en désaccord et la loi 27, *de
pactis.* refuse-t-elle aux *argentari socii*, le droit de nover
leur créance ? Nous ne le pensons pas et nous allons es-
sayer de démontrer au contraire que la novation est possible.

Paul, d'accord avec Neratius, Attilicinus, Proculus et
Labéon, pense que si l'un des *argentarii socii* ou des *rei
stipulandi* fait un pacte avec le débiteur, l'exception ne peut
nuire à l'autre *argentarius socius* ou à l'autre *reus stipulandi.*
Il rappelle à l'appui de sa doctrine une remarque de Labéon : « Que tel peut recevoir un paiement qui ne peut
nover, » On en a conclu qu'il fallait refuser le droit de
nover aux *argentarii socii* ou aux *rei stipulandi.* Nous croyons
que c'est à tort ; Labéon ne s'occupe pas de savoir, si la
novation est possible ou non. Son raisonnement semble
avoir été celui-ci : pourquoi le droit de recevoir le paiement entraînerait-il celui de faire un pacte de remise op-

posable à l'*argentarius socius* ou au *correus* ; qui peut le plus ne peut pas toujours le moins ; et en effet on peut payer valablement entre les mains de ceux qui sont en notre puissance et cependant ils ne peuvent pas nover.

Ainsi expliquée, la loi 27 est parfaitement compréhensible : elle ne s'occupe pas de la novation et par cela même elle n'est pas en désaccord avec la loi 31, *de novationibus*. Dans cette loi, Vénuleius reconnaît aux *correi* le droit de nover, et il devait le leur reconnaître, lui qui assimile la novation au paiement « *similem esse solutioni existimemus.* »

Les lois 27, *de pactis*, et 31, *de novationibus*, visent chacune une hypothèse différente, il n'est donc pas étonnant que leur solution soit différente. La loi 31 a trait à la novation et elle reconnaît aux *rei stipulandi* la faculté de nover ; la loi 27 ne s'occupe pas de la novation, et par suite ne leur enlève pas cette faculté. Il est d'ailleurs à présumer, d'après la théorie de Venuleius, qui permet au créancier solidaire de nover, que l'*argentarius socius*, qui est un créancier solidaire, pouvait nover également.

§ IV. — *Des livres des argentarii.*

Pour sauvegarder les intérêts particuliers qui leur étaient confiés, aussi bien que dans leur intérêt personnel, les *argentarii* étaient obligés de tenir des registres de leurs opérations, mais ils ne paraissent pas avoir été soumis à une législation spéciale.

Les livres obligatoires des *argentarii* étaient les *adversaria* et le *codex*. Les *adversaria* étaient une sorte de livre-brouillon où l'on consignait les opérations de chaque jour que l'on reportait ensuite sur le *codex*. Le *codex* comprenait deux colonnes : l'une d'elles était consacrée aux recettes, à l'*acceptum*, l'autre aux dépenses, à l'*expensum*. Tout ce que le banquier recevait, soit pour son compte, soit pour celui de ses clients, en un mot tout ce qui entrait dans sa caisse formait la colonne de l'*acceptum*; tout ce qui était payé par lui, tout ce qui sortait de sa caisse formait l'*expensum*.

Il est probable que les *argentarii* ne se contentaient pas du *codex expensi atque accepti*. D'après Marquardt (1) ils auraient également tenu un livre de compte courant (*liber rationum, rationes*) dans lequel toutes les opérations faites par la banque avec une personne déterminée étaient portées par doit et avoir. L'*argentarius* pouvait ainsi savoir immédiatement combien il avait à réclamer à chacun de ses clients, et combien il avait à leur payer.

Les livres des *argentarii* ne leur servaient pas seulement à constater avec précision leur encaisse en numéraire, ils leur permettaient également de créer des obligations.

1. De l'organisation financière chez les Romains, traduction Vigié.

En effet les énonciations inscrites sur le *codex* n'avaient pas toutes le même but : les unes étaient simplement destinées à servir de preuve à des obligations déjà nées, en vertu d'une cause antérieure ; les autres avaient en vue un résultat plus important, elles devaient servir à faire naître des obligations. Les premières portaient le nom d'*arcaria nomina* ; les secondes étaient connues sous le nom de *transcriptitia nomina*.

Les *arcaria nomina* tiraient leur force de faits juridiques préexistants qu'ils ne faisaient que constater ; l'inscription sur le *codex* n'était qu'une preuve de l'obligation déjà née.

Il n'en était pas ainsi des *nomina transcriptitia*, dont le but était, comme on l'a vu, de faire naître des obligations nouvelles. Ces *nomina transcriptitia* étaient la seule et unique forme du contrat *litteris* propre aux citoyens romains. Il y a contrat *litteris*, dit Gaïus (1), lorsqu'il y a *transcriptio a re in personam* ou *transcriptio a persona in personam*.

Il y a *transcriptio a re in personam* quand, par exemple, étant votre créancier pour une certaine somme en vertu, soit d'une vente, soit d'une location, j'inscris cette somme sur mon registre comme vous l'ayant prêtée. Vendeur, je porte sur mon *codex*, à la colonne de l'*acceptum*, la somme que vous êtes censé m'avoir versée et je porte la même somme à la colonne de l'*expensum*, en indi-

1. Gaïus, §§ 128 et suiv.

quant que je vous l'ai versée à titre de prêt. La nouvelle obligation résultant d'une *datio* fictive, constitue une véritable obligation littérale qui résulte seulement des écritures.

On peut facilement concevoir le parti que les *argentarii* pouvaient tirer de ce *transcriptitium nomen a re in personam*. Comme rien n'empêche le contrat *litteris* de se former entre absents, des clients débiteurs soit pour des achats, soit pour des paiements faits pour leur compte, pouvaient écrire à l'*argentarius* d'opérer la *transcriptio* de ces divers *nomina* : de cette façon, des dettes d'origine diverse se trouvaient garanties par une seule et unique action : la *condictio certæ pecuniæ*.

Il y a *transcriptio a persona in personam* si, par exemple, étant créancier de Titius pour une certaine somme, j'inscris sur mon livre cette somme comme l'ayant prêtée à une autre personne sur la délégation de Titius. Je porterai à l'*acceptum* ce que me doit Titius, qui est censé m'avoir payé, et j'inscrirai à l'*expensum* cette même somme comme l'ayant prêtée à Seïus.

Mais ce n'est pas là le seul cas de *transcriptio a persona in personam*, et il en existe d'autres applications. Ainsi, on peut supposer que Titius, n'étant pas mon débiteur, me délègue sa créance sur Seïus ; ce sera un prêt fictif à moi fait par Titius, suivi d'un autre prêt fictif par moi fait à Seïus. On peut encore supposer que nous sommes débiteurs les uns des autres : Titius me doit C, je dois C à Seius et Seius doit C à Titius ; il est clair que si Titius me délègue Seïus, nos trois créances se trouveront compensées et soldées les unes par les autres.

L'on voit, dit M. Gide (1), combien ce mécanisme était simple et commode. Se réduisant à quelques écritures et n'exigeant point la présence simultanée des parties, la *transcriptio a persona in personam* pouvait se prêter dans la pratique aux applications les plus variées et servir tour à tour soit à transférer et à faire circuler les créances, soit à ouvrir des crédits de place en place, soit enfin à acquitter les dettes sans numéraire en les soldant les unes par les autres. Ces *transcriptiones* étaient sans doute un instrument moins perfectionné que nos lettres de change, mais dans une mesure plus bornée, elles rendaient les mêmes services et remplaçaient de même les transports ou les versements de numéraire par de simples écritures. »

Faut-il deux inscriptions corrélatives, une *acceptilatio* et une *expensilatio* pour la formation du contrat *litteris* ?

MM. Accarias et Gide admettent l'affirmative. Selon les éminents romanistes, « le contrat *litteris* consiste, non pas en une seule inscription, une *expensilatio*, mais en deux inscriptions corrélatives, une *acceptilatio* et une *expensilatio*, qui, se faisant pour ainsi dire contrepoids, maintiennent en équilibre la balance des comptes. Il faut d'abord qu'elles constatent un *expensum* : à cet égard,

1. Gide, Revue de législation. Année 1873, p. 132.

Gaïus (1) est trop formel pour laisser place au moindre doute. Mais il faut aussi qu'elles constatent un *acceptum* : il le faut, dit M. Accarias (2), nonobstant le silence de Gaïus. Autrement, la corrélation entre le fonds et la forme serait incomplète, sans compter qu'à la lecture du *codex* le *nomen transcriptitium* se confondrait avec le *nomen arcarium*, puisque ce dernier n'est constaté que par la simple mention d'un *expensum*. Cette démonstration purement théorique est tout à fait confirmée par Cicéron, lorsque, relevant l'impudence de Fannius Chéréa, qui ose alléguer un *nomen* non inscrit dans son *codex*, il lui adresse cette phrase significative : « *In codicem acceptum et expensum referri debuit* » (3). La nécessité de cette double constatation nous explique de la manière la plus satisfaisante les expressions *transcriptio, transcriptitium nomen*. Le créancier reporte ou transcrit à la colonne de l'*expensum* une somme qu'il a dû faire figurer à la colonne de l'*acceptum* (4).

Nous allons étudier maintenant les diverses opérations de droit auxquelles se sont livrés les *argentarii*.

1. Gaïus, §§ 129, 130, 137.

2. Note de M. Accarias. — Ce silence n'a rien d'étonnant, car Gaïus s'attache plutôt à indiquer la fonction ordinaire du contrat *litteris* qu'à en décrire les formes.

Note de M. Gide. — Gaïus ne traitant de la *transcriptio* qu'au point de vue exclusif de la formation des obligations, n'avait à présenter qu'un côté de cette opération à double face, l'*expensum ferre* sans l'*acceptum referre*.

3. Pro Roscio, § 3.

4. Accarias, 3° édition, p. 396 ; Gide. Revue de législation, année 1873, p. 133 et suiv.

# CHAPITRE II



Les principales opérations des *argentarii* étaient le prêt à-intérêts, le dépôt et le *receptum*. Nous examinerons successivement ces diverses opérations, ainsi que la théorie de la compensation des *argentarii*, qui s'y rattache.

## § I. — *Du prêt à intérêts.*

Jusqu'à Justinien, le *mutuum* ou prêt à intérêts n'avait été régi par aucune règle spéciale, lorsqu'il était effectué par les banquiers. Pour eux comme pour les autres citoyens, le *mutuum* se formant *re* et l'emprunteur ne pouvant devoir plus qu'il n'avait reçu, le contrat n'était point de sa nature productif d'intérêts : pour que des intérêts fussent dus, il fallait qu'ils eussent été promis à part par une stipulation. Mais à partir de Justinien, des prérogatives furent accordées aux banquiers,

Et d'abord, cet Empereur les affranchit, dans sa novelle 136, de la nécessité d'une stipulation pour faire courir les intérêts. Désormais, un simple pacte put suffire, et Justinien alla même plus loin en décidant (1) que l'intérêt courrait à leur profit non seulement en vertu d'une stipulation, mais encore de plein droit et en l'absence de toute convention, « *Non solum ex stipulatione sed etiam absque scripto præbeantur.* » Il en a donné la raison au chapitre V, *in fine*, novelle 136 : à savoir que les *argentarii* faisant des prêts avec l'argent qu'ils ont eux-mêmes emprunté et dont ils servent les intérêts, *qui ipse usuras dependit*, il est juste qu'ils aient la faculté de les réclamer de plein droit.

D'autre part, Justinien détermina le taux d'intérêts que pourraient réclamer les banquiers. Dans une loi insérée (2) au Code, il fixa le maximum de l'intérêt d'après la condition des personnes qui prêtent : les personnes ayant rang d'illustres ne peuvent prêter qu'à quatre pour cent ; pour les banquiers et commerçants, le taux est porté à huit pour cent.

Nous trouvons ensuite une série de mesures qui ont pour objet d'assurer aux banquiers des garanties contre l'insolvabilité et la mauvaise foi de leurs emprunteurs. Ainsi la novelle 136, ch. III, leur accorde une hypothèque privilégiée sur les meubles et les immeubles acquis par leurs clients avec l'argent emprunté à la banque.

1. Novelle 136, ch. 4.
2. L. 26 § 1, Code, liv. 4, t. 32.

Elle décide en outre que les banquiers deviendront propriétaires de ces biens, comme s'ils en avaient fait l'achat, s'ils établissent qu'ils ont été acquis avec les deniers qu'ils avaient prêtés et s'ils se sont réservés un droit d'hypothèque.

Justinien alla même plus loin en décidant dans l'édit 7, ch. 3, que le droit d'hypothèque sur les biens des emprunteurs serait sous-entendu au profit des *argentarii*. Il décida encore, que dans le cas où le débiteur aurait donné un gage en garantie de sa dette et où ce gage aurait été aliéné du consentement du débiteur, l'*argentarius* en cas de contestation sur le prix réalisé, devrait être cru sur parole, s'il affirme par serment le prix provenant de la vente. Le banquier était aussi autorisé à garder le gage, moyennant une estimation convenable faite « *præsentibus tabulariis et æstimatoribus adhibitis* », et à la condition d'en imputer la valeur sur sa créance tant en capital qu'en intérêts.

Toutefois l'hypothèque des *argentarii* aurait été inefficace dans le cas, par exemple, où une personne qui leur aurait emprunté de l'argent aurait employé cet argent à acheter des biens au nom de sa femme ou de ses proches parents. Mais ici encore Justinien vient à leur secours : si le banquier établit la fraude, il recouvrera à sa créance. (1)

Nous avons maintenant à nous occuper d'une institution spéciale au prêt d'argent : l'*exceptio non numeratæ pecuniæ*, sous Justinien, *querela non numeratæ pecuniæ*.

______

(1) Édit VII, 7.

## § II. — *Exceptio non numeratæ pecuniæ.*

Les Romains, en faisant un prêt, pouvaient se dispenser de recourir à aucune forme, car il naissait du *mutuum* une obligation civile de restitution et une *condictio ex mutuo*. Il n'était donc pas besoin d'envelopper la convention de rendre dans une stipulation pour lui donner force obligatoire. Cependant dans la pratique romaine, on ne faisait guère un *mutuum*, sans l'accompagner de stipulation. Le prêteur stipulait de l'emprunteur la somme qu'il venait de lui compter. Quel était l'effet d'une telle stiput;ion ? « Ce serait méconnaitre le but des parties que de la considérer comme destinée soit à former un second contrat qui dût coexister avec le *mutuum*, soit à nover une première obligation déjà née du prêt. Donc les jurisconsultes décident que dans l'espèce, la numération n'est pas faite pour engendrer directement une obligation, mais bien pour servir de cause à la stipulation ; en d'autres termes, au lieu de deux contrats qui coexistent ou se succèdent, nous n'en avons dès le début qu'un seul qui est un contrat *verbis*. (1) » L'avantage de cette conversion du *mutuum* en stipulation a été mis en lumière par M.

1. Accarias. Précis de droit romain, n° 588.

Huc dans les lignes suivantes : l'obligation du débiteur a sa source dans la réception des deniers qui lui ont été comptés, *obligatio ex re venit*. La tradition qui a suivi la numération constitue à la fois le motif déterminant qui a porté le débiteur à s'engager, et la *causa civilis* de son obligation. Mais comme la tradition est par elle-même un acte équivoque, des difficultés peuvent s'élever : est-ce à titre de donation que les deniers ont été pesés ou comptés et ensuite livrés, ou bien à titre de remboursement, *solutionis causâ* ? ou bien encore à titre de prêt ? Pour lever toute équivoque les parties n'ont qu'à transformer le *mutuum* en stipulation et c'est ce qui avait lieu le plus souvent. Dans ce cas, selon le témoignage d'Ulpien, de Pomponius et de Paul, il n'y avait pas novation, et c'est de la stipulation seule que naissait l'obligation. Or quel avantage le créancier pouvait-il avoir à agir en vertu d'une stipulation plutôt qu'en vertu d'un *mutuum*, alors que l'action engendrée par ces deux contrats également de droit strict, était la même, la *condictio* ? Le seul avantage consistait dans la facilité de la preuve. (1)

Cette pratique, selon M. Accarias, se concevait tout particulièrement chez les banquiers qui, ouvrant des crédits, c'est-à-dire, s'engageant à disposer de certaines sommes selon la volonté et sur l'ordre d'un client, ne savaient jamais, si au jour où les deniers sortiraient de leur caisse, il leur serait encore possible d'obtenir une promesse ou

1, Et. hist. sur la not. de cause, pages 4 et 5,

un billet. Le débiteur sera peut-être malade, absent, captif : c'était en vue de tels accidents qu'ils prenaient leurs précautions, soit au moyen d'une stipulation, soit au moyen d'un contrat *litteris*.

L'emprunteur étant alors tenu en vertu des paroles prononcées ou en vertu de l'écrit, il était à craindre que des fraudes et des abus ne viennent à se produire : il pouvait être poursuivi en vertu de la stipulation ou du contrat *litteris*, lors même qu'il n'aurait rien reçu, et il n'avait aucun moyen de se soustraire à la condamnation intégrale. En effet la stipulation, d'après le droit civil, étant indépendante de sa cause et l'obligation, dans le contrat *litteris*, résultant de l'écrit lui-même et non des rapports de droit qui auraient pu exister précédemment entre les parties, le promettant n'était pas admis à prouver qu'il n'avait pas effectivement reçu la somme qu'on lui réclamait. (1)

Le préteur s'émut de cette doctrine rigoureuse et voulut y remédier en donnant à l'emprunteur le droit de prouver que la remise de l'argent n'avait pas eu lieu : pour cela, il lui accorda une *exceptio doli*. Mais comme cette exception de dol ne pouvait être opposée ni au patron ni au parent, une exception, rédigée *in factum*, appelée *exceptio non numeratæ* (2) *pecuniæ*, fut aussi accordée.

Contrairement au principe, qui impose au défendeur

1. Gaïus, III § 128 et IV § 116.
2. Ulpien. L, 2 § 3, Dig., liv, 44, t. 4,

l'obligation de prouver le bien fondé de toutes les exceptions dont il cherche à se prévaloir, *l'exceptio non numeratæ pecuniæ*, laissait au demandeur la charge de la preuve.

L'*exceptio non numeratæ pecuniæ* n'était à la disposition de l'emprunteur que dans les cinq ans et depuis Justinien que dans les deux ans, qui suivent la stipulation ou la rédaction de l'écrit. Passé ce délai, non seulement la présomption de non numération s'efface, mais elle est remplacée par une présomption inverse qui exclut tout espèce de preuve contraire. (1) Mais alors le créancier s'imposera deux ans d'inaction pour agir ensuite à coup sûr. Il y aurait eu là un danger sérieux, si dans le même délai le débiteur n'avait été autorisé à prendre lui-même l'initiative des poursuites et à intenter une *condictio sine causa*. Sur la *condictio* comme sur l'*exceptio*, le créancier avait à charge de prouver la numération ; sinon il devait faire acceptilation de la promesse ou restituer l'écrit ; cela résulte de la loi 7 au Code. (2).

Comme nous venons de le voir, Justinien réduisit à deux ans le délai pendant lequel la présomption de non numération, pourrait être opposée, soit par voie d'exception, soit par voie d'action ; mais il fit une autre innovation, en accordant à l'emprunteur un moyen de rendre son exception perpétuelle. Il n'avait pour cela qu'à adresser une

1. L. 8. L. 14, pr. et § 3. Code, liv. 4, T. 30.
2. L. 7. Code. De non num. peçu.

protestation écrite soit au créancier, soit à certaines au-
torités : c'est ce qu'on entend spécialement par la *querela
non numeratæ pecuniæ*. Cette expression désigne dans un
sens large, l'ensemble des moyens accordés à l'emprunteur, et comprend tout à la fois, l'*exceptio*, la *condictio* et
la *querela* proprement dite : c'est dans ce sens large qu'elle
est employée dans les lois 4, 10, 14, pr. (1)

Justinien consacra, en outre, une décision par laquelle
son prédécesseur Justin avait exclu la présomption de
non numération, toutes les fois que de sa propre main et
sur un écrit d'ailleurs revêtu de sa propre signature le
débiteur aurait constaté comme déjà accompli le fait de
la numération (2). Il décida même que la *querela* ne
pourrait pas avoir lieu dans le cas où le compte présenté
et accepté par le client, aurait énuméré chacune des opérations qui le composent, avec la cause qui l'avait pro-
duite, de quelque main d'ailleurs que le compte fût écrit.
Peu importe aussi que le client n'ait pas signé chaque
article, pourvu qu'il ait signé le tout ; peu importe, enfin,
qu'il n'y ait point de reconnaissance particulière pour
chacune des opérations ; dans ces divers cas, il ne pourra
pas imposer à l'*argentarius* la preuve de l'existence d'une
cause pour chacune d'elles. Toutefois, le chapitre 6 de la
Novelle 136, lui permettait de déférer le serment pendant le délai de deux ans accordé par le droit commun
pour opposer la *querela non numeratæ pecuniæ*.

1. L. 4, 10, 14, pr. Code, De non num. pecu.
2. L. 13. Code, De non num. pecu.

## § II. — *Du dépôt.*

Le contrat de dépôt constituait une autre branche des opérations des *argentarii*. Les citoyens qui cherchaient à soustraire leur fortune aux risques du vol ou de l'incendie, la déposaient chez les banquiers, qui, par leur situation, devaient être préférés à tous autres comme dépositaires : la grande quantité de numéraire qu'ils devaient conserver à leur disposition, leur rendait, en effet, nécessaire, une vigilance constante.

Le dépôt en banque affectait deux formes distinctes : le dépôt régulier et le dépôt appelé irrégulier.

Le dépôt régulier ne transférant ni la propriété ni la possession de la chose déposée, les *argentarii* devaient s'abstenir de tout usage. Ils étaient tenus de restituer les objets déposés, *in specie*, et cela à la première réquisition du déposant, qui avait pour l'y contraindre l'action *depositi directa* et la revendication, puisqu'il avait conservé la propriété. Il semble que l'argent monnayé ne pouvait, à cause de sa nature fongible, faire l'objet d'un semblable dépôt ; mais on arrivait à le transformer en corps certain en l'enfermant dans un sac cacheté : les textes du Digeste (1) nous rapportent des exemples assez nombreux

1. L. 1 § 36. Dig., liv. 16, t. 3 ; L. 29. Dig., ibid..

de ce dépôt de valeurs monnayées effectué dans ces conditions.

Le dépôt étant un contrat essentiellement gratuit, il est possible que les *argentarii* aient consenti à remplir gratuitement cet office pour arriver à gagner la confiance des déposants, mais il est fort possible aussi qu'ils aient exigé un droit de garde. La perception de ce droit de garde changeait, il est vrai, la nature du contrat ; il y avait là un louage de services et non plus un dépôt proprement dit (1), et l'*argentarius* devait alors apporter à la garde de la chose la vigilance d'un bon père de famille, *in abstracto*.

Le dépôt régulier était très avantageux pour les particuliers qui, tout en ayant leurs capitaux à leur disposition, n'avaient pas le souci de les garder. Mais il existait une autre espèce de dépôt beaucoup plus utile pour les particuliers et les banquiers.

Ce dépôt appelé irrégulier, dérogeant aux deux règles qui obligeaient le dépositaire à rendre en nature la chose qu'il avait reçue et à la garder sans s'en servir, permettait aux banquiers d'employer à leur profit les sommes qu'on leur confiait, et donnait aux particuliers le moyen de ne pas les laisser improductives.

Bien que la propriété des écus soit transférée au dépositaire, ils doivent toujours être restitués à première réquisition et c'est ce qui a fait décider que ce contrat

1. Instit., liv. 3, t. 26, § 13.

restait un contrat de dépôt et ne devenait pas un *mu-tuum*.

De là plusieurs conséquences importantes à noter : dans le *mutuum*, en effet, les intérêts ne sont dus au prêteur que s'ils ont été expressément stipulés; ils ne peuvent être dus ni en vertu d'une simple convention, ni en raison de la demeure. Au contraire, dans le dépôt ir-régulier, les intérêts seront dus à la suite d'un simple pacte ou après la mise en demeure (1).

Dans le *mutuum*, le terme étant fixé dans l'intérêt de l'emprunteur, le prêteur ne pouvait pas exiger la resti-tution avant l'arrivée de l'époque convenue; au contraire, dans le dépôt irrégulier, le terme étant fixé dans l'inté-rêt du déposant, celui-ci pouvait à sa volonté se faire rendre le *tantumdem*.

A partir de Marc-Aurèle, la compensation ayant été admise dans les contrats de droit strict, si l'emprunteur avait une créance contre le prêteur, il pouvait opposer la compensation. Le dépositaire ne pouvait jamais l'oppo-ser, même à partir de cette époque; il devait d'abord être condamné à restituer, sauf à faire valoir ensuite sa pré-tention par voie d'action principale.

Le dépôt irrégulier pouvait facilement procurer au dé-posant les avantages d'un véritable placement : il lui suffisait pour cela, ainsi que nous l'avons vu, de faire avec le banquier un simple pacte d'intérêts. Le déposant,

1. L. 24, 25. Dig., liv. 16, t. 3.

pouvant réaliser ses fonds à volonté, les intérêts devaient être minimes, et alors les banquiers trouvaient aussi leur profit à cette façon de s'obliger.

Il faut éviter de confondre le dépôt irrégulier avec la convention par laquelle on remettrait une somme d'argent à un banquier avec permission de s'en servir à titre de prêt. Ici nous avons deux contrats : un dépôt pur et simple qui a tous les caractères du dépôt ordinaire et un *mutuum* conditionnel qui ne se formera que par l'usage qui sera fait de l'argent. Supposons donc les deniers consommés et le *mutuum* ainsi réalisé ; au lieu d'être soumis à l'action *depositi*, le banquier ne sera tenu que d'une *condictio* et, ce qui est surtout important, les intérêts ne seront dus qu'en vertu d'une stipulation, tandis que le dépositaire irrégulier les doit soit par l'effet d'un pacte adjoint au contrat, soit lorsqu'il est en demeure de restituer et cela sans distinguer s'il a conservé ou consommé les deniers (1).

*Privilège des déposants.* — Un privilège était accordé aux déposants sur les biens de l'*argentarius* dépositaire (2) ; mais il ne leur était accordé qu'à la condition de n'avoir reçu aucun intérêt pour les sommes par eux déposées (3).

La question du rang du privilège du déposant a donné

1. Accarias. Précis de droit romain, p. 437.
2. L. 7, §§ 2 et 3. Dig., liv. 16, t. 3 ; L. 24 § 2. Dig., 1. 42, t. 5.
3. L. 24 § 2. Dig., liv. 32, t. 5.

lieu à une controverse dont l'origine se trouve dans les lois 24 § 2 et 7 § 2 au Digeste (1).

La loi 24 dit que sur le prix de vente des biens d'un *mensularius*, le privilège du déposant prendra rang immédiatement après les autres privilèges, c'est-à-dire que le privilège des déposants est le dernier de tous les privilèges.

La loi 7 décide qu'en cas de faillite d'un *nummularius*, la préférence est donnée aux déposants qui seront payés sur le prix de vente avant tous les autres privilégiés.

Il importe de rapprocher de ces deux lois la loi 8 *depositi* qui porte que le privilège s'exerce non seulement sur les sommes provenant de dépôts, mais sur le prix de vente de tous les biens de l'*argentarius fraudator*.

Pour faire disparaître la contradiction qui existe entre les deux premières lois, on a proposé plusieurs conciliations, dont voici les principales :

*Première conciliation.* — D'après Cujas (2), la loi 7 § 2 prévoit le cas indiqué par la loi 24 § 2 *in fine* où les écus déposés se retrouvent encore en nature et peuvent, par conséquent, être revendiqués. Dans cette hypothèse, la loi 7 permet aussi la revendication et fait venir les dépositaires *ante privilegia*. Mais cette conciliation paraît en contradiction formelle avec le § 3 de cette même loi 7.

1. L. 7 § 2. Dig., liv., t. 8 ; L. 24 § 2. Dig., liv. 42, t. 5.
2. Cujas. *Comment. in lib. IX. Quœst. Papin. ad legem 8 depositi.* titre 4.

Car si le § 2 traitait de déposants exerçant la revendication de leurs écus existant encore *in specie*, comment le § 3 parlerait-il de concours entre ces déposants. Il ne peut pas y avoir de concours entre des propriétaires revendiquant chacun sa propre chose.

*Deuxième conciliation.* — D'autres interprètes (1), expliquent l'antinomie des deux textes par la différence des qualités des banquiers, le *mensularius* de la loi 24, étant un banquier public, et le *nummularius* de la loi 7 un banquier privé. Ils argumentent des expressions « *fidem publicam secuti* » contenues dans la loi 24 qui établissent le caractère public du *mensarius*. Mais cette distinction entre les *mensarii* et les *argentarii* repose sur une confusion qu'on a faite entre les *mensarii* du droit privé et ces autres *mensarii* dont nous avons parlé, et qui eux étaient de véritables fonctionnaires publics, nommés pour un service passager. C'est donc une distinction tout à fait arbitraire, d'autant plus que les expressions de *mensarii* et de *mensularii*, concordent avec celles de τραπεζίται sous laquelle tous les banquiers privés étaient désignés sans aucune distinction. Les expressions *fidem publicam secuti* signifient simplement que les déposants ont suivi la foi de ceux qu'honorait la confiance publique ; nous n'en voulons pour preuve que la loi 8 *depositi*, qui, complétant la loi 7, fait également allusion aux services publics ren-

1. Overbech. De collocatione depositi ; Glück. Pand. t. 15, page 224.

dus par les *argentarii* et les confond avec les *nummularii*
de la loi 7.

*Troisième conciliation.* — Un troisième système proposé
par M. de Vangerow et adopté par M. Pellat (1) distingue trois cas.

1° Les écus déposés chez le banquier se retrouvent encore, *in specie*, non confondus avec d'autres. Il va de soi
que le déposant peut les revendiquer, ce qui le fait passer avant tous les créanciers, même privilégiés, sans exception. C'est le cas prévu par la loi 24 § 2 *in fine* : « *Si
tamen nummi extent* » ;

2° Les écus ne se retrouvent plus en espèces. Le déposant vient alors au dernier rang des créanciers privilégiés, mais avant les créanciers ordinaires : c'est ce que
décide la loi 24 § 2, *in pr.* ;

3° Les écus provenant des divers dépôts se retrouvent,
mais confondus en une seule masse. La revendication est
impossible pour chacun des déposants, pris isolément,
mais l'ensemble des déposants doit l'emporter sur les
créanciers privilégiés ; c'est ce que décide la loi 7 § 2.
D'après le § 3 de cette même loi, chaque déposant vient
au même titre, sans qu'on ait à s'inquiéter de la date des
divers dépôts. Si les déposants ne sont pas complètement
remboursés, ils peuvent se faire payer le reliquat sur les
autres biens du banquier, comme le fait remarquer la loi

1. Pellat. *Textes choisis*, p. 80 et suiv.

8. Dans ce dernier cas, le privilège des déposants viendrait le dernier, conformément au § 2 de la loi 24.

On peut objecter et M. de Vangerow (1) le reconnaît lui-même, que la loi 8 au Digeste accorde aux déposants exactement le même privilège et sur l'argent provenant des dépôts et sur les autres biens du banquier, en sorte que les déposants viendraient « *ante privilegia* », ce qui contredirait la loi 24. Mais, d'après M. Pellat, cette apparente opposition tient sans doute à ce que les compilateurs des Pandectes, en rapprochant ce texte de Papinien de celui d'Ulpien, qui forme la loi 7, en ont omis le commencement qui contenait peut-être une distinction, laquelle ne s'aperçoit plus dans le passage conservé.

*Quatrième conciliation.* — Enfin une dernière conciliation a été soutenue dans plusieurs thèses (2) et elle nous paraît devoir être admise de préférence. On distingue suivant que le dépôt effectué chez l'*argentarius* a été un dépôt régulier ou un dépôt irrégulier.

1° Le déposant a fait un dépôt régulier et les sacs déposés existent en nature. Dans ce cas la revendication peut évidemment avoir lieu : c'est le cas prévu par le § 2 *in fine* de la loi 24.

2° Les sacs d'écus déposés ont été ouverts frauduleuse-

----

1. L. 8. Dig., liv. 16, t. 3.
2. Morin, *Grenoble* 1866 ; May, *Nancy* 1873 ; Waldmann, *Paris* 1874.

ment par l'*argentarius* qui y a puisé ou même qui a tout versé dans sa caisse. Dans ce cas la revendication n'est plus possible, mais les déposants auront un privilège primant les autres créanciers privilégiés : c'est l'hypothèse de la loi 7 § 2, « *et ante privilegia igitur, si bona venierint* » ; ce qui indique qu'on ne retrouve plus les dépôts en nature et qu'on est obligé de vendre pour rembourser les déposants. Puis dans son paragraphe 3, la loi 7 s'occupant de l'ordre dans lequel viendront les déposants, les fait venir en concours.

3° Les déposants ont fait chez un banquier un dépôt irrégulier, lui permettant de se servir des espèces ; si le banquier fait faillite ils ne viendront que *post privilegia* : c'est l'hypothèse de la loi 24 § 2. Ces déposants devraient se trouver confondus avec les créanciers ordinaires, mais par faveur et parce qu'ils ont suivi la confiance publique, ils passeront avant les simples créanciers, mais au dernier rang des privilégiés.

Cette conciliation permet une explication naturelle des textes et fait qu'Ulpien n'est plus en contradiction avec lui-même. Il est d'ailleurs très rationnel que les déposants dont les dépôts ont été frauduleusement violés ou confondus dans la caisse du banquier soient traités plus favorablement que les déposants qui ont suivi la foi du banquier en lui confiant leur argent, avec faculté d'en user à son gré. Les premiers n'ont pas entendu laisser au banquier le droit de disposer de leurs dépôts : ce sont les mêmes écus déposés qu'ils veulent retrouver ; il est donc juste que pour leur donner plus de garantie, le jurisconsulte leur ait accordé un privilège, qui passera avant tous les autres.

## § III. — *Du receptum.*

On ne trouve au Digeste aucune trace du *receptum*. Le seul texte qui en fasse mention, est une constitution de Justinien (1) dans laquelle il n'en parle que pour le supprimer. Cette absence de textes ouvre le champ aux conjectures, et il n'est pas jusqu'à l'origine du nom de ce contrat, qui n'ait donné lieu à des controverses.

D'après Cujas, il aurait été ainsi nommé parce que *l'argentarius* recevait chez lui la dette d'autrui. Suivant d'autres, (2) l'expression de *receptum* viendrait de ce que le tiers créancier recevait de *l'argentarius* un jour pour le paiement, *recipiebat diem* ; mais cela est peu probable, c'était plutôt l'*argentarius* qui *recipiebat diem*. Il est préférable de penser (3) que l'expression *recipere* est un ancien mot latin dont la signification est : s'engager à faire une chose. L'*argentarius recipiebat se soluturum*, comme on a dit plus tard *constituebat se soluturum*. c'est-à-dire qu'il

1. L. 2. Code. liv. 4, t. 18.
2. Ortolan, t. III, p. 614.
3. Mainz, t. 2, p. 333, note 4.

s'engageait à payer à un jour convenu et le seul fait de cet engagement le rendait débiteur et l'exposait à l'action *receptitia*.

Cette institution était un mode facile d'intercession, qui ne nécessitait aucun recours aux formes ordinaires de la fidéjussion, ni probablement à aucune parole solennelle, bien que Justinien en fasse mention (1). Le *receptum* dit M. Accarias, aurait été à ce compte d'une application plus gênante que le contrat *litteris*, et au lieu de simplifier les rapports des banquiers avec leurs clients, il les aurait compliqués. Le savant romaniste estime donc que s'il exigeait quelques formalités, ce ne pouvait être que des écritures probablement fort simples. (2)

Le *receptum* pouvait avoir pour objet non seulement des choses fongibles, mais encore tout autre objet quelqu'il fût. (3) Il n'était pas nécessaire non plus qu'il eût sa base dans une obligation préexistante : Justinien rapporte en effet que l'action pouvait avoir lieu contre l'*argentarius* « *et si quid non fuerat debitum* » (4). L'action *receptitia* était civile, et comme telle, perpétuelle ; mais à partir de Théodose, elle dut se prescrire par trente ans, comme toutes les actions civiles.

Il est probable que le *receptum* n'avait pas pour effet de libérer le client qui a délégué l'*argentarius* à son créan-

1. L. 2. *De Const. Pec.*
2. Accarias. Précis de droit romain, p. 776.
3. L. 2. Code, liv. 4, t. 18.
4. L. 2, pr. Code, liv. 4, t. 18.

cier. Dans la pensée du créancier, l'intervention d'un tiers n'a pas eu pour effet de nover sa créance ; il a simplement voulu se prémunir contre l'insolvabilité de son débiteur originaire en lui adjoignant un second débiteur, et cette pensée est exclusive de toute idée de libération à l'égard du premier débiteur. Il est bien vrai que si les parties avaient agi *animo novandi*, l'obligation préexistante serait éteinte ; mais dans le doute, la présomption contraire doit subsister. Le créancier pouvait alors à son choix poursuivre le débiteur ou l'*argentarius*, revenir même contre l'un après avoir poursuivi l'autre, sans qu'on pût lui objecter qu'il avait épuisé son droit ; les deux causes d'obligation étant parfaitement distinctes.

Dans le cas ou l'*argentarius* s'était engagé pour assurer le paiement d'une obligation future et non encore contractée, la validité du *receptum* était subordonnée à l'existence ultérieure de l'obligation : c'est ce qui arrivait également dans la *fidejussio*, où l'engagement du fidejusseur pouvait précéder l'engagement du débiteur principal ; mais le *receptum* augmentait la garantie du créancier d'une façon plus ferme que la fidéjussion. En effet ainsi qu'on vient de le voir, le tiers créancier ayant deux actions distinctes dont les causes étaient différentes pouvait poursuivre le débiteur ou l'*argentarius* à son choix, et la *litis contestatio* intervenue entre lui et l'un des débiteurs, n'entraînait pas la libération de l'autre. Il en était différemment dans la fidéjussion à cause des paroles solennelles prononcées dans l'engagement du fidéjusseur

« *idem fidejubes* » avant que Justinien n'eût supprimé l'effet extinctif de la *litis contestatio*. (1)

La condition des fidéjusseurs fut en outre améliorée par divers bénéfices : à partir d'Adrien, ils purent opposer le bénéfice de division, qui leur permettait de demander la division de la dette entre ceux d'entre eux qui étaient solvables au temps de la *litis contestatio* ; mais les *argentarii* furent exceptés de cette faveur.

Sous Justinien un autre bénéfice fut également accordé aux fidéjusseurs : le bénéfice d'ordre ou de discussion. Sur la poursuite du créancier la discussion du débiteur principal pouvait être requise au préalable : les *argentarii* ne purent pas non plus invoquer ce bénéfice. Justinien déclara formellement qu'ils en seraient exclus dans sa novelle IV (2). Les *argentarii* se plaignirent de la situation intolérable qui résultait pour eux de cette exclusion, puisque tout en étant eux-mêmes privés du bénéfice, ils avaient en outre à craindre qu'il leur fut opposé par les *intercessores* de leurs clients. Dans sa novelle 136, Justinien confirma néanmoins sa décision précédente et se borna à les engager à stipuler des cautions et autres *intercessores* la renonciation à ce bénéfice.

Le *receptum* avait d'abord été réservé aux *argentarii*, mais le préteur le généralisa en créant le *pactum constitutæ pecuniæ* par lequel un débiteur s'engage par simple

1. L. 28. Code, liv. 8, t. 41.
2. Novelle IV, ch. 3, § 1.

convention à payer une obligation antérieure. Le constitut pouvait être fait soit par le débiteur lui-même, soit par un tiers ; et de plus, il avait pour caractère essentiel de ne s'appliquer qu'à une dette préexistante et de contenir l'indication d'un jour de paiement. Il ne pouvait aussi avoir pour objet que des choses qui se comptent ou qui se mesurent.

Le *receptum* et le pacte de constitut se développèrent parallèlement jusqu'au jour où Justinien les fondit ensemble et en fit le constitut nouveau. Ces deux contrats présentaient les différences suivantes :

1. Le *receptum* supposait nécessairement des relations avec les *argentarii* contre lesquels seuls était dirigée l'action *receptitia*. Le constitut au contraire pouvait avoir lieu entre toutes personnes et l'action de *constituta pecunia* était donnée contre tous ceux qui s'étaient servis de ce pacte.

2. Le *receptum* pouvait précéder la naissance de l'obligation. L'action *constitutæ pecuniæ* supposait forcément une dette préexistante civile ou naturelle, pure et simple ou conditionnelle.

3. Le *receptum* pouvait s'appliquer à des corps certains. Le constitut ne pouvait avoir pour objet que des choses fongibles.

4. L'action *receptitia* était perpétuelle, trentenaire depuis Théodose. L'action de constitut était annale dans un certain nombre de cas qu'il est du reste impossible de préciser.

Justinien fondit en une seule les deux actions *recepti-tia* et *constitutæ pecuniæ*. A l'action *receptia*, il emprunta la perpétuité (trente ans depuis Théodose) ; la faculté d'appliquer l'action aux dettes de toute nature. A l'action de constitut : la nécessité d'une obligation préexistante ; la faculté d'agir contre toute personne.

*De la compensation faite par les argentarii.* Relative-ment à la compensation, les *argentarii* furent soumis à une législation spéciale que le manuscrit de Gaïus nous a ré-vélée. Jusqu'à l'époque de la decouverte de ce manus-crit, on ignorait que les *argentarii* eussent été soumis à des règles exceptionnelles en cette matière et on leur appliquait le droit commun. Avant d'expliquer ces règles spéciales, il est donc nécessaire de rappeler brièvement quel était le droit commun en matière de compensation.

La compensation inconnue sous le système des actions de la loi, s'introduisit vraisemblablement à la faveur de la procédure formulaire. Dans cette procédure les actions se divisaient en *actions bonæ fidei* et en *actions stricti juris*. Dans les actions *stricti juris* le juge n'avait qu'à répondre affirmativement ou négativement à la question soumise à son examen dans la formule, et il lui était interdit de tenir compte des dettes dont le créancier demandeur était grevé envers son adversaire.

Au contraire, dans les actions de bonne foi, le juge devait terminer le différend ex *æquo et bono* et cette possi-bilité pour lui de tenir compte de l'équité lui donnait la faculté d'admettre la compensation. Mais pour qu'elle pût être admise, il fallait que la créance opposée procédât *ex eadem causâ*, car le juge ne pouvait pas franchir les limites posées par la formule pour aller trancher des questions étrangères au procès.

La compensation n'était pas possible dans les actions *stricti juris* ; le défendeur se trouvait obligé de payer une somme qu'il avait le droit de se faire restituer en tout ou en partie à un autre titre. C'était une gêne pour lui, c'était aussi une iniquité, car le créancier n'a pas d'intérêt légitime à toucher ce qu'il ne peut pas garder (1).

Un rescrit de Marc-Aurèle vint modifier cette rigueur du droit, en autorisant le juge à admettre la compensation dans les actions de droit strict, lorsque l'exception de dol aurait été insérée dans la formule. En effet lorsqu'un débiteur poursuivi se trouve être en même temps créancier du demandeur, la bonne foi ne nous permet pas de réclamer ce qui nous est dû, sans tenir compte de ce que nous devons nous-même. Dans cette hypothèse la compensation pouvait être opérée alors même que les deux obligations avaient une cause différente ; « cela est (2) évident puisque les actions *stricti juris* dérivent invariablement d'une cause unilatérate ». La compensation eut lieu dès lors dans les actions de droit strict comme dans les actions de bonne foi, et il est probable que dans ces

1. Accarias. *Précis de droit romain.* P. 1246.
2. Accarias. *Précis de droit romain.* P. 1250.

dernières, elle fut admise ex *dispari causa* depuis Marc Aurèle (1)

Tel était le droit commun, mais on appliquait les règles spéciales aux *argentarii*. Voici en effet ce que nous dit Gaius (2) *Is (argentarius) cum compensatione cogitur agere ; id est ut compensatio verbis formulæ comprehendatur »*. C'est pour *l'argentarius*, demandeur une obligation professionnelle que d'opérer lui-même la compensation dans *l'intentio* de la formule. Si donc il actionne son débiteur, il est tenu de faire au préalable sur le montant de sa demande la déduction de ce que lui-même peut devoir à son client et de ne comprendre dans *l'intentio* de la formule que la balance du compte. En supposant donc que *l'argentarius* doive 10000 à Titius et qu'il ait, de son côté, une créance de 20000 contre Titius, l'intentio de la formule sera ainsi rédigée : « *Si paret Titium sibi decem millia dare oportere amplius quam ipse Titio debet. »*

Comme on le voit, ce n'est plus ici la compensation du droit commun qui était prononcée par le juge sur la demande du défendeur poursuivi, c'est le banquier lui-même qui doit opérer la compensation, et le pouvoir du juge se borne à la constatation d'un fait : la compensation a-t-elle été opérée. L'est-elle exactement ? Si oui, le juge devait condamner, si non, il devait absoudre le défendeur. Ce n'était donc pas seulement dans le cas où la

---

1. Demangeat. 3e *édition.* P. 708.
2. Gaïus. 4 § 64.

compensation n'avait pas été faite que le défendeur devait être absous ; l'*argentarius* perdait encore son procès, s'il avait commis la moindre erreur à son avantage, dans l'appréciation de ce qui lui était dû : il encourait la déchéance de la *plus petitio* « *et ob id rem perdebat.* »

On comprend qu'un droit aussi rigoureux ne devait s'appliquer que dans le cas où il était possible au banquier de faire exactement la balance de son compte. Aussi Gaïus n'obligeait-il l'*argentarius* à compenser que les dettes qui étaient exigibles et qui avaient pour objet des choses de même nature (1).

Quelle était l'étendue de la déchéance encourue par l'*argentarius* qui, en opérant la compensation, s'était trompé à son avantage ? Supposons, par exemple, que l'*argentarius* doive 10 à Titius et que ce dernier lui doive 20. Si l'*argentarius* opère la compensation et qu'au lieu de réclamer 10, résultat d'une compensation exacte, il réclame 12, il y a dans ce cas *plus petitio* et la déchéance est encourue ; mais l'est-elle pour 20 ou seulement pour 12 ? On a soutenu que dans ce cas il n'y avait déchéance que pour 12, parce que l'*argentarius* n'a déduit que 12 en justice (2).

Nous n'admettons pas cette opinion. Selon nous, l'*argentarius* encourait, dans ce cas, une déchéance absolue. En effet, si nous nous reportons à l'exemple de Gaïus, nous

1. Gaïus, IV, §§ 66-67.
2. M. Dietz, Thèse de doctorat, Paris 1869 ; M. May, Thèse de doctorat. Nancy 1873.

voyons que le banquier ne réclame pas 12, mais qu'il soutient qu'on lui doit 12 de plus qu'il ne doit lui-même (*amplius quam ipse debet*). Et par cela même que l'*intentio* ne contient qu'une différence, elle déduit tout *in judicium*. En d'autres termes, le juge devra, pour apprécier, s'il y a bien une différence de 12 entre les deux dettes, examiner d'abord s'il est dû 20 par Titius : le banquier sera donc déchu pour le tout. Toutefois, d'après M. Accarias, (1) l'*argentarius* conserve une créance naturelle : il peut donc, du moins sous l'empire de la législation qui fut établie par Marc-Aurèle opposer une exception de dol à la demande qui serait formée contre lui par son adversaire.

Si, à l'inverse, le banquier réclame moins qu'il ne lui est dû, si par exemple il demande 5 au lieu de 10 ; il obtiendra non seulment les 5 réclamés, mais il pourra en outre agir de nouveau pour le surplus, de manière cependant à ne pas se faire opposer l'*exceptio litis dividuæ* : pour cela il devra suspendre l'exercice de son action jusqu'à l'entrée en charge d'un nouveau préteur. (2)

Pour terminer cette étude sur la compensation, il nous semble bon d'exposer la controverse qui existe sur la question de savoir quels étaient les effets de l'exception de dol insérée dans la formule ? Le juge devait-il condamner le défendeur en déduisant de la condamnation le montant de sa créance ; ou devait-il l'absoudre purement et simplement ?

1. Accarias. Précis du droit romain, p. 1217, note 2,
2. Gaïus, IV, §§ 56-122.

Deux partis se sont formés dans la doctrine : D'après une première opinion (1), le juge qui après avoir constaté, par exemple, qu'il est dû 100 au demandeur, reconnaîtrait ensuite qu'il doit 10 au défendeur, devrait absoudre celui-ci purement et simplement et non pas le condamner à 90.

Tel est, dit-on, l'effet les exceptions en général et de l'exception de dol en particulier ; et il ne pouvait en être autrement étant donnée la manière dont est conçue l'exception et la place qu'elle occupe dans la formule : *Si paret..... dare oportere, si nihil in eo re dolo.... factum sit neque fiat, judex.... condemna : si non paret, absolve.*

Le principal argument de cette première opinion, consiste à dire que la nature de la formule et les pouvoirs du juge tendent à ce résultat : qu'en règle générale le défendeur doit être condamné ou absous. Si l'exception est vérifiée, le pouvoir de condamner, subordonné à cette exception, cesse : l'absolution est indispensable, car il n'y a que cette double alternative.

Si donc le demandeur laisse ajouter l'exception à la formule et qu'elle soit justifiée par le défendeur, celui-ci gagne complètement son procès.

On ajoute comme argument de texte le passage suivant des sentences de Paul : *Compensare vel deducere debes, si totum petas, plus petendo causa cadit :* (2)

L'opinion contraire tend à prévaloir : l'effet de l'excep-

1. Ortolan nᵒˢ 2180 et s. — Ducaurroy, sur le §30, de act. Inst.
2. Paul, *Sentent.* Liv. 2. T. 5. § 3.

tion de dol serait de permettre au juge, non pas d'absoudre le défendeur, mais de diminuer la condamnation (1).

Tout d'abord, le texte de Paul parait devoir être écarté du débat. Il se réfère très probablement à la compensation de *l'argentarius*, le mot de *plus petitio* qui s'y trouve en est la preuve ; jamais on n'a qualifié ainsi le fait de celui qui se voit repoussé par une exception.

Il résulte du § 30 *de act.* aux Institutes, que l'effet du rescrit de Marc-Aurèle a été d'attribuer au juge d'une action de droit strict, grâce à l'exception de dol, le même pourvoir de compenser qu'avait de plein droit le juge d'une action de bonne foi. Or il n'est pas douteux que dans une action de bonne foi, le juge ne doive opérer la balance entre la créance du demandeur et sa dette, et condamner le défendeur seulement à l'excédent *si quid invicem prœstare actorem oporteat, ex compensato in reliquum is cum quo actum est debeat condemnari.* » Donc il doit pouvoir agir de même dans une action de droit strict, lorsque l'exception de dol y a été insérée.

La paraphrase de Théophile vient à l'appui de cette interprétation : « *Facta est constitutio divi Marci imperatoris, quae ait me stricta actione conventum de solidis X, quum mihi deberentur quinque, posse actioni opponere exceptionem doli ; atque hac opposita exceptione, judici occasio datur admittendi compensationen et in quinque solidos condemnandi.*

On arrive dans le système opposé à une conséquence

_________

1. Demangeat. T. 2. p. 612. Accarias. T. 2 n° 911.

qu'il est impossible d'admettre. On met le demandeur dans la nécessité de faire lui-même *in jure* la déduction de ce qu'il doit et de n'agir que pour le surplus à l'exemple de *l'argentarius*. C'est contraire à l'équité, surtout dans le cas où le demandeur n'aurait pu aisément évaluer l'objet de sa dette.

Il n'est pas naturel d'interpréter les textes disant que la compensation s'opère *exceptione doli* dans ce sens que la crainte de l'exception conduit à accorder une compensation : elle serait en effet conventionnelle et non pas judiciaire.

Est-il vrai d'ailleurs qu'une exception ne puisse avoir d'autre effet, lorsqu'elle est justifiée, que l'absolution totale du défendeur ? Paul dit positivement le contraire : *Exceptio est conditio quæ modo eximit reum damnatione, modo minuit damnationem* (1).

Nous en trouvons du reste un exemple dans un texte d'Africain : Une femme a fait un acte dans lequel elle était intéressée pour partie ; il y avait *intercessio* pour le surplus ; le créancier ne devait réclamer à la femme que sa part : *creditorem partem duntaxat pecuniæ a muliere petere posse, quod si totum petierit exceptionne pro parte summovetur* (2).

Si donc cette exception du sénatus-consulte velléien, qui est une exception ordinaire, peut aboutir à une condamnation partielle, pourquoi n'en serait-il pas de même de l'exception de dol ?

1. h. 22. pr. Dig. Sir. 16. T. 1.
2. L. 17 § 2. Dig. Sir 16. T. 1.

# CHAPITRE IV

## DE L'EDITIO RATIONUM

*L'editio rationum* fut imposée aux *argentarii* dans l'intérêt des particuliers, pour leur faciliter les moyens de preuve dans leurs contestations soit avec les *argentarii* eux-mêmes soit avec les tiers (1). Nous savons que toutes les opérations faites par les clients entre eux, mais par l'intermédiaire du banquier, étaient consignées sur le codex; il était donc naturel que les parties puissent recourir à ce codex, pour y puiser les indications qui leur étaient nécessaires « *æquum fuit, it quod mei causa confecit meum quadammodo instrumentum mihi edi.* » (1)

I. *Personnes tenues de l'éditio.* Les argentarii étaient tenus à *l'editio rationum* non seulement pendant l'exercice de leurs fonctions, mais même après avoir cessé le commerce de la banque (3). Cette obligation quoiqu'elle

1. D. 10. Dig. Liv. 2. Tit. 13.
2. L. 4 § 1 Dig. L. T.
3. L. 4 § 4 Dig. L. T.

fut d'ailleurs professionnelle, n'était pas attachée exclusivement à la qualité *d'argentarii*, et leurs héritiers étaient aussi tenus de produire les registres (1).

Toutefois elle n'était imposée qu'à leurs successeurs universels et seulement lorsqu'ils avaient les livres à leur disposition. En conséquence si l'argentarius les avait légués, le légataire n'était pas obligé de les représenter et l'héritier cessait lui-même d'y être obligé, s'il n'avait plus les livres en sa possession sans dol de sa part (2). Toutefois, si avant la délivrance du legs, le demandeur avait signifié à l'héritier de ne pas les délivrer, celui-ci était tenu de produire les livres, quand même il s'en serait dessaisi ; dans ce cas en effet il aurait cessé de posséder par dol. Si au contraire le legs avait été délivré avant la signification, l'héritier étant déchargé, le légataire pouvait alors être obligé de produire par le préteur, mais seulement *causâ cognitâ* (3).

Si un fils de famille tient une banque, il peut être contraint de produire ses comptes. Le *paterfamilias* n'y était obligé d'après l'opinion de Labéon, que si *l'argentaria* était tenue à son su. D'après Ulpien, il fallait en outre que les bénéfices appartinssent au père (4).

Si la banque est gérée par un esclave, l'action ne pourra être exercée contre le maître qu'autant qu'il aura donné

1. L. 6 § 1 Dig. L. T.
2. L. 9 § 1. Dig. Liv. 2 Tit. 13.
3. L. 9 § 1. Dig. L. T.
4. L. 4 § 2. Dig. L. T.

un assentiment tacite ou exprès. Si c'est à son insu que la banque avait été gérée par un esclave, il suffit qu'il jure qu'il ne détient pas les comptes. Si la banque a été gérée avec l'argent du pécule de l'esclave, le maître n'est tenu que *de peculio* ou de *in rem verso*. Si toutefois il a les livres en sa possession et qu'il ne veuille pas les produire, il sera tenu *in solidum* (1).

II. *Qui peut demander l'editio.* Toute personne intéressée peut demander *l'editio*, mais c'est à la condition que celui qui la réclame jure qu'il n'agit pas par esprit de chicane (2). Il est possible d'ailleurs que le préteur ne l'impose à *l'argentarius* qu'après une enquête sur la nécessité de cette production et qu'il ne la permette que *causâ cognitâ*.

Dans le cas où un *argentarius* agissait contre un confrère, il n'avait pas droit en principe à *l'editio rationum*. Ulpien fait remarquer qu'il eût été absurde de lui donner ce droit, attendu que sa comptabilité devait être assez bien tenue pour se suffire à elle-même (3). Toutefois *l'editio* lui était accordée, quand il prouvait que ses livres avaient été perdus par suite de naufrage, ruine, incendie ou qu'il ne pouvait s'en servir à cause de l'éloignement. La même solution était donnée à l'égard de l'héritier de *l'argentarius*. Dans tous ces cas, *l'editio* était accordée *causâ cognitâ*.

1. L. 4 § 3. Dig. L. 2 T. 3.
2. L. 6 § 2.    id.
3. L. 6 § 9.    id.

*L'argentarius* ne pouvait pas être obligé de fournir à chaque instant des relevés de compte : Aussi n'avait-on plus droit à *l'editio rationum* quand on l'avait déjà demandée une fois. Cependant si le compte avait été perdu ou détruit sans la faute de celui qui l'avait demandé, *l'argentarius* pouvait être contraint, *causâ cognitâ* à le fournir de nouveau (1).

III. *Comment s'effectue l'editio.* Le banquier n'est tenu de communiquer ses livres qu'autant qu'il s'agit d'opérations relatives à la banque ; on ne peut pas s'en servir pour faire la preuve d'un mandat où d'un gage (2). Il n'est obligé à rendre compte qu'au lieu ou il a exercé sa profession : si ses livres se trouvent dans une autre province que celle où il a sa banque, il doit néanmoins faire la production dans cette dernière, car il a eu tort de transporter ses comptes ailleurs qu'au siége habituel de ses affaires (3). Si un tiers l'actionnait en production des livres dans un lieu autre que celui de son siège, il pouvait refuser ; mais le tiers pouvait en obtenir copie à ses frais. Un délai suffisant était laissé à *l'argentarius* pour satisfaire à cette demande. (4)

*L'editio rationis* consiste soit dans la dictée, soit dans la délivrance d'une copie, soit dans la production du Codex lui-même (5). Le compte devait être fourni depuis le com-

---

1. L. 7 § 1. Dig. L. 2 T. 13.
2. L. 6 § 3.     id.
3. L. 4 § 5.     id.
4. L. 4 § 5. Dig. Liv. 2. Tit. 13.
5. L. 6 § 7.     id.

mencement, (1) mais comme il y aurait eu des inconvénients à abandonner les livres à la discrétion des clients,
le banquier pouvait leur interdire de tout examiner
ou de copier ce qui n'a pas trait à leurs affaires. Le compte
devait porter en tête la date du jour où il avait été com-
mencé et le nom du consul. (2)

Si *l'argentarius* donnait un extrait du compte, il n'était
pas tenu de signer les copies qu'il remettait.

IV. *Sanction de l'obligation relative à l'editio*. L'obligation de *l'editio rationum* aurait été incomplète si elle n'avait
pas été accompagnée d'une sanction. Aussi quand *l'argentarius* refusait de faire la communication qui lui était
demandée, le préteur donnait contre lui une action *in factum*.

Au moyen de cette action, *l'argentarius* pouvait être condamné à indemniser celui auquel son refus avait fait perdre son procès ; mais il fallait pour cela que le refus eût
été dolosif. Il y avait dol quand, à dessein, il ne produisait pas les livres, ou quand il ne les produisait qu'in-
complètement ou irrégulièrement (3).

Par cette action *in factum* le demandeur obtenait la
condamnation de *l'argentarius* à une somme représentant
l'intérêt qu'il avait à obtenir la production des livres (4) :
ces dommages-intérêts s'estimaient au jour où le préteur
rendait son décret.

1. L. 10 § 2. Dig. L. 2. T. 13.
2. L. 4. pr.        id.
3. L. 8 pr.        id.
4. L. 10 § 3. L. 8 § 1. H. T.

Gaïus se plaçant dans l'hypothèse de cette action, nous dit que le demandeur pourra obtenir de *l'argentarius* la somme que son refus de production lui a fait perdre, soit qu'il n'ait pas gagné ce qu'il réclamait, soit qu'il eût perdu ce qu'on lui reclamait. Gaïus objecte, il est vrai, que si on peut faire aujourd'hui la preuve qu'on eut triomphé, c'est que cette preuve pouvait déjà être faite auparavant et que si elle n'a pas été accueillie, on doit s'en prendre à soi-même ou au juge et non à *l'argentarius*. Mais il répond lui-même à l'objection, que sans doute le demandeur s'est procuré des preuves qu'il n'avait pas à sa disposition, lorsqu'il s'est vu force d'agir sans le secours des livres de *l'argentarius*. (1)

Cette action *in factum* donnée contre *l'argentarius* avait un caractère pénal : elle ne durait qu'une année et ne pouvait être dirigée contre les héritiers. Il est vrai que la loi 9 § 1 nous indique des cas où l'action est donnée contre l'héritier de *l'argentarius,* mais ce n'est pas de la même action qu'il s'agit. Dans la loi 9, en effet, on parle de l'action par laquelle on demande *l'editio rationum,* tandis qu'il s'agit ici de l'action née du refus d'obéir au décret du préteur ordonnant *l'editio.* Il est certain, toutefois, que si par suite d'un fait qui lui est personnel, l'héritier de *l'argentarius* ne peut obéir à l'ordre du préteur, il sera tenu de *l'actio in factum.* (2)

1. L. 8 § 3. Dig. Liv. 2. T. 13.
2. L. 13. H. T.

# DES AGENTS DE CHANGE

## CHAPITRE I<sup>er</sup>

### DE L'ORGANISATION DES AGENTS DE CHANGE

Pour donner plus de clarté à nos explications nous avons divisé ce chapitre en cinq paragraphes savoir : 1° Aperçu historique ; 2° Conditions requises pour devenir agent de change ; 3° Caractères des fonctions d'agents de change ; 4° Rôle de la chambre syndicale ; 5° Mise en société des charges.

### § 1<sup>er</sup>. — *Aperçu historique.*

Les agents de change sont des officiers ministériels légalement chargés de la négociation des valeurs mobilières. A ce titre, ils constituent des intermédiaires dont le concours s'impose sous peine de nullité des opérations, toutes les fois que les parties ne les exécutent pas elles mêmes.

De tout temps, la nécessité d'intermédiaires dans les opérations commerciales s'est fait sentir ; et si, à l'origine, toute personne pouvait s'occuper du change, de la négociation des effets et de la vente des marchandises, l'importance de ces opérations, fit reconnaître assez tôt l'utilité d'une réglementation et de la création d'un ministère spécial. Nous en trouvons des traces dès le commencement du quatorzième sièle. Une première ordonnance de Philippe le Bel, du mois de février 1304, témoigne de l'existence d'intermédiaires et les désigne sous le nom « *de courretiers pour le change et les denrées.* » Une autre ordonnance du même roi, de janvier 1312, défendant « *aux courretiers de faire le commerce des marchandises dont ils sont courretiers,* » contient une sorte de règlement de leurs attributions.

Par la suite, un édit du mois de juin 1572 de Charles IX, créa, *à titre d'offices*, des courretiers de change, deniers et marchandises. Sous Henri IV, en avril 1595, un arrêt du conseil vint confirmer cet édit ; il défendait « à toutes personnes de quelque état et condition qu'elles fusent de ne faire ni exercer le dit estat de courretier de change, banque et vente en gros de marchandises en aucune ville du royaume, sous peine de punition corporelle, de crime de faux et d'une amende de cinq cents écus ».

Dès cette époque, le monopole du courtage fut exclusi-

vement acquis à ceux qui avaient été pourvus d'un office :
on l'a contesté cependant en s'appuyant sur cette phrase
de l'arrêt : « n'entendant néanmoins qu'aucuns soient contraints de se servir desdits courtiers, ès dites négociations, si bon ne leur semble. »

Nous croyons qu'on ne peut se méprendre sur la portée de ces expressions : le ministère des courtiers était
facultatif, en ce sens que les négociants traitant directement entre eux, n'étaient pas obligés d'y avoir recours,
mais qu'au contraire ils y étaient forcés, s'ils devaient se
servir d'intermédiaires. Sans cette explication si simple,
on ne pourrait pas comprendre comment le législateur,
après avoir édicté une pénalité si grave contre ceux qui
s'immisceraient dans les fonctions de courtiers, aurait
immédiatement permis ce qu'il venait de défendre !

On ne distinguait pas encore les fonctions de courtiers
de banque et de change de celles de courtiers de commerce
chargés de la vente des autres marchandises. Le change,
n'était qu'un accessoire du commerce en général, c'est
ce qui explique que le nombre des charges était moins
élevé à Paris qu'à Lyon, où le commerce avait un plus
grand développement. Douze charges avaient en effet été
créées à Lyon et huit seulement à Paris : il est vrai qu'en
1638 le nombre des charges fut porté à trente deux dans
cette dernière ville.

En 1639, un arrêt vint substituer le nom *d'agents de
change* à celui de *courtiers*. Dès lors la qualification de

*courtiers* fut exclusivement réservée à ceux qui s'occupaient de la négociation des marchandises.

Nous trouvons encore quelques dispositions relatives aux agents de change dans l'ordonnance du commerce de mars 1673. Elle leur défend dans son article 1er, titre II « de faire le change ou tenir banque pour leur compte particulier, sous leur nom ou sous des noms interposés, directement ou indirectement, à peine de privation de leur charge et de 15 000 livres d'amende. » Puis dans son article 3, au même titre, elle indique « que ceux qui auront obtenu des lettres de répit, fait contrat d'atermoiement ou fait faillite, ne pourront être agents de change ou de banque ou courtiers de marchandises. »

Le nombre des agents de change qui avait été assez restreint à l'origine ne tarda pas à être successivement augmenté. Un édit de décembre 1705 le fixa d'abord à vingt pour Paris et cent sept pour la France. Cet édit leur accorda diverses prérogatives : il fut déclaré que cette profession ne dérogerait pas à la noblesse et entraînerait l'exemption de diverses charges (tutelle, curatelle. logement de guerre etc). et de certaines tailles.

En 1714 le nombre des agents de change exerçant à Paris fut définitivement porté à soixante.

Toutfois leurs attributions ne furent déterminées d'un manière précise que par un arrêt du conseil du 24 septembre 1724. Depuis cette époque jusqu'à la Révolution, on ne remarque plus que de légères modifications.

En 1791, l'existence des charges d'agents de change

parut incompatible avec les idées révolutionnaires, et la suppression des offices prononcée par la loi des 2-17 mars les atteignit comme toutes les autres professions. Un mois après un décret des 21 avril 8 mai permit à toute personne d'exercer la profession d'agent de change sous la condition d'un serment et de soumission aux réglements.

La Révolution s'était trompée et l'on comprit bien vite que l'institution détruite était une garantie pour le crédit public. Ecoutons plutôt M. Mollot (1) sur ce point : « il y a, d'après lui, un trop grand danger à livrer au premier venu certaines professions qui, par leur nature toute particulière, sont plutôt des emplois publics qu'un véritable négoce. Il n'exerce ni un monopole, ni même un privilège dans le sens défavorable attaché à ces mots, celui qui investi de telles fonctions y trouve autant de devoirs à observer que d'avantages à recueillir. Ce n'est pas pour son profit exclusivement personnel qu'il obtient ces fonctions, elles lui sont remises dans l'intérêt général du commerce et de la société, qui veulent, que les actes d'un ministère aussi grave, ne puissent être confiés qu'à des hommes dignes de la confiance publique à tous titres par leur solvabilité, leur moralité et leur aptitude. »

Aussi l'institution fut-elle rétablie par la loi du 28 vendémiaire an IV, qui déclara que les agents de change seraient pourvus à Paris d'une commission délivrée par

1. Mollot. Bourses de commerce, p. 47.

le gouvernement et qu'ils y exerceraient exclusivement leurs fonctions. Toutefois elle ne fut complètement régularisée que par la loi du 28 ventôse an IX et par deux arrêtés des 17 germinal an IX et 27 prairial an X.

Nous arrivons à la rédaction du code de commerce qui, dans la section II du Titre V, s'occupe de notre matière.

L'article 90 annonce qu'il sera pourvu par des règlements d'administration publique à tout ce qui est relatif à la transmission de la propriété des effets publics. Mais depuis la rédaction du code de commerce, malgré les réclamations réitérées des agents de change, on n'est pas encore arrivé à l'exécution de cette promesse. Une loi de 1862 a apporté, c'est vrai, quelques modifications aux articles 74, 75, et 90 du code de Commerce, mais ce n'est qu'une réforme partielle. Deux autres lois plus recentes ont été rendues, l'une le 15 juin 1872 sur les titres au porteur sortis des mains de leurs propriétaires par quelqu'événement que ce soit, l'autre le 28 mars 1885 sur les marchés à terme ; mais elles n'ont trait également qu'à des points spéciaux. Nous aurons l'occasion de les étudier.

§ II° — *Conditions requises pour devenir agent de change.*

Les agents de change sont nommés par le chef de l'Etat ; mais leur nomination est soumise à diverses conditions, que nous diviserons en conditions de fonds et en conditions de forme.

1° *Conditions de fonds*. — Pour pouvoir devenir agent de change, il faut : 1° être citoyen français ou étranger naturalisé. L'étranger non naturalisé ne saurait être admis à l'exercice de cette profession, alors même qu'il aurait été autorisé à s'établir en France, car il n'acquiert pas par là la qualité de Français.

2° Etre âgé de vingt-cinq ans accomplis. (1)

3° N'avoir jamais fait faillite ou avoir été réhabilité. (2)

4° N'avoir jamais été condamné en récidive pour immixtion dans les fonctions d'agents de change. (3)

5° N'avoir jamais été destitué des fonctions d'agents de change pour spéculation en son compte personnel. (4)

2° *Conditions de forme*. — Les conditions de forme sont relatives à la présentation, au cautionnement, au serment, à la patente, au certificat d'aptitude et de moralité, signé par les chefs de plusieurs maisons de banque et de commerce.

Si le candidat remplit les diverses conditions, la nomination se fait d'après les dispositions du chapitre I$^{er}$ du règlement des agents de change de Paris. L'agent de change démissionnaire présente son successeur à l'agrément de la Chambre syndicale, qui le propose ensuite au ministre des finances pour les bourses pourvues d'un

---

1. Arrêté 24 septembre 1724, art. 21 ; décret 1$^{er}$ octobre 1862, art. 2.
2. Article 83, Code de commerce.
3. Arrêté 27 Prairial an X, art. 4 et 5.
4. Article 88, Code de commerce.

parquet, au ministre du commerce pour les autres, afin d'obtenir l'investiture, après l'accomplissement des formalités indiquées par l'art. 6 du règlement. Le candidat agréé s'engage par écrit devant la Chambre syndicale à observer fidèlement les règlements de la compagnie, desquels il déclare avoir pris connaissance. Son nom est ensuite affiché dans le cabinet de la bourse pendant quinze jours. Outre l'annonce de la transmission de l'office, l'affiche signée par le syndic doit contenir les noms et prénoms de tous les bailleurs de fonds intéressés du candidat avec la quotité de l'intérêt de chacun. (1) Le délai de l'affiche expiré la Chambre syndicale prononce au scrutin secret l'admission ou le rejet du candidat : trois boules noires entraînent la non-admission.

La loi du 28 avril 1816 a réglé la présentation du candidat au ministre des finances : elle s'opère au moyen de la production de l'acte, qui lui a transféré la propriété de la charge. Aux termes de l'article 1er du décret du 1er octobre 1862 ce droit de présentation n'est admis qu'en faveur du candidat qui a obtenu préalablement l'avis favorable de la Chambre syndicale et avec lequel le titulaire a traité des conditions de sa démission par un acte soumis au ministre des finances et approuvé par lui. La loi ne prescrit aucune forme sacrementelle : il peut donc être fait par acte authentique ou sous seing privé ; mais dans

1. Ces sociétés ont été reconnues par une loi du 2 juillet 1862.

tous les cas, il doit être enregistré ; l'enregistrement a eu lieu au taux de 2 0/0. (1)

Avant d'entrer en fonctions, l'agent de change est tenu de justifier du versement au trésor d'un cautionnement qui est une garantie dans l'intérêt des clients. Le décret du 1er octobre 1862 fixe de la manière suivante le montant des cautionnements : à Paris, 250.000 fr. ; à Lyon, 40.000 fr. ; à Marseille, Bordeaux, 30.000 fr. ; à Toulouse et à Lille, 12.000 fr. Deux classes de créanciers ont un privilège sur ce cautionnement : 1° les créanciers dits pour faits de charge (2) ; 2° les prêteurs de deniers qui ont remis les fonds du cautionnement. (3) Mais, dans ce dernier cas, le privilège ne peut être exercé, que si le bailleur de fonds a fait constater l'origine des deniers au moyen d'une déclaration faite par devant notaire : ces deux privilèges s'exercent dans l'ordre où nous venons de les nommer.

Après le versement du cautionnement, dont il est justifié par une quittance du Trésor, le titulaire est admis à prêter serment devant le tribunal de commerce (4). Il est tenu en outre de prendre une patente dont la taxe est fixée par la loi du 7 mai 1844 d'après un tarif exceptionnel (tableau B) et eu égard à la population, sauf à Paris où la patente est invariablement de mille francs.

1. Loi 25 juin 1841, art. 6.
2. Art. 210 du Code civil.
3. Loi 25 nivôse an XIII.
4. Loi 29 germinal, an IX ; loi 31 août 1830.

Telles sont les différentes conditions et formalités à remplir pour faire partie de la compagnie des agents de change : voyons maintenant les différents caractères de cette fonction.

### § III. — *Caractères des fonctions d'agents de change.*

Les fonctions d'agents de change présentent tous les caractères qu'on trouve habituellement dans les fonctions publiques : nomination par le chef de l'Etat (1) ; exercice de l'emploi à l'exclusion de tous les autres (2) ; soumission à des règles spéciales (3).

Les agents de change sont donc des officiers publics. Sont-ils aussi des commerçants ? A cet égard, les auteurs ne sont pas d'accord. Suivant quelques-uns, ils ne sont pas des commerçants ; mais l'opinion contraire nous paraît préférable. En effet l'article 1er du Code de commerce déclare que ceux qui exercent les actes de commerce et en font leur profession habituelle sont commerçants, et l'article 632 de ce même Code répute acte de commerce, toute opération de change, de banque et courtage. En second lieu, l'article 89 suppose qu'un agent de change peut tomber en faillite : or on sait que les commerçants

1. Article 74 *in fine*, Code de commerce.
2. Article 76, Code de commerce.
3. Articles 84 et s., Code commerce.

peuvent seuls y tomber. En troisième lieu, nous voyons
que l'article 1<sup>er</sup>, titre II de la loi du 15 germinal an VI,
soumet les agents de change comme tous les commer-
çants, à la contrainte par corps, et que l'article 16 de
l'arrêté du 29 germinal an IX attribue au Tribunal de commerce la connaissance des contestations entre les agents
de change à l'occasion de leurs fonctions et manifeste
ainsi clairement quelles sont commerciales de leur nature.
Enfin l'exposé des motifs de la loi du 2 juillet 1862 (1) qui
a modifié les articles 74, 75, 90 du Code de commerce,
nous fournit un argument décisif. « La situation des
agents de change, dit cet exposé, est mixte ; elle se compose de deux éléments qu'il importe de ne pas confondre.
Comme certificateurs de l'identité des personnes et de la
sincérité des signatures, comme chargés de la constatation officielle des cours des valeurs, les agents de change
peuvent être qualifiés d'officiers publics. Comme intermédiaires de la négociation des effets publics et autres valeurs cotées à la Bourse, ils ont en outre un caractère
commercial. Ce caractère ressort de l'article 632 du Code
de commerce, etc. » Le rapporteur cite les arguments
mentionnés un peu plus haut, et il ajoute : « Dans cette
position mixte le caractère d'officier public et celui de commerçant coexistent à des degrés dont on peut apprécier
diversement l'importance relative, mais coexistent mani-
festement. » Il faut donc en conclure que les agents de
change sont des commerçants.

1. Sirey, 1862. *Lois annotées,* p. 49,

Ils sont en outre, comme nous l'avons dit, des intermédiaires nécessaires. En effet, aux termes de l'article 76 du Code de commerce, ils ont seuls le droit de faire les négociations des effets publics et autres susceptibles d'être côtés. Ce privilège, ce monopole, rappelé, confirmé par cet article date de longtemps : il résulte d'un arrêt d'avril 1595 et d'un arrêt de septembre 1724. La loi de ventôse an IX et l'arrêté de prairial an X l'avaient déjà affirmé et consacré à nouveau, en y attachant la double sanction des peines correctionnelles et de la nullité des négociations.

Aux termes de l'article 8 de la loi du 28 ventôse de l'an IX, ces peines consistent en une amende dont le maximum est du 1/6 du cautionnement et le minimum du 1/12. Ces amendes doivent être prononcées correctionnellement par le Tribunal de première instance. Mais il se présente ici une question délicate : le cautionnement des agents de change ayant été porté à Paris de 60.000 fr. à 250.000 fr., le montant de l'amende doit-il être augmenté proportionnellement ? L'affirmative nous paraît devoir être admise, car ainsi que l'exprime M. le professeur Boistel : « La pensée du législateur n'a pas été d'établir un maximum fixe, mais de proportionner l'amende à l'importance du cautionnement (1). » C'est d'ailleurs le système admis par la Cour de cassation (2).

1. Boistel, Précis de Droit commercial.
2. Arrêt délibéré en chambre du conseil, 19 janvier 1860, Dalloz, 1860, 1, 40.

Quant à la nullité des négociations, nous la trouvons écrite dans l'article 13 d'un arrêt du Conseil du 26 novembre 1781, auquel nous renvoie l'article 4 de l'arrêté du 27 prairial de l'an X. Elle a été formellement reconnue par un arrêt de la Cour de cassation du 28 février 1881 (1).

S'en suit-il que, pour faire une négociation de valeurs, on soit toujours obligé de s'adresser à un agent de change? Non ! ainsi que nous l'avons déjà fait remarquer, les parties peuvent traiter directement entre elles; mais si elles veulent recourir à des intermédiaires, elles ne peuvent s'adresser à d'autres qu'à des agents de change.

§ IV. — *Du rôle de la Chambre syndicale.*

A la tête de la compagnie des agents de change se trouve une Chambre syndicale composée, aux termes de l'article 15 de l'arrêté du 17 germinal an IX, d'un syndic et de six adjoints.

D'après le règlement aujourd'hui (2) en vigueur, les fonctions des membres de la Chambre syndicale durent un an ; l'élection a lieu à la majorité des suffrages et au scrutin secret. Pour remplir les fonctions de syndic, il faut être agent de change depuis cinq ans au moins, et pour être adjoint depuis trois ans au moins.

1. Dalloz, 1881, 1re partie, page 97 ; Sirey, 1881, 1, 289.
2. Règlement du 24 juillet 1870, art. 11, 9, 10.

Le syndic peut être réélu pendant cinq années consécutives, les adjoints pendant trois ans ; mais deux d'entre eux doivent être renouvelés tous les ans.

La Chambre s'assemble toutes les fois que le syndic le requiert ou que trois adjoints en font la demande. Pour prendre une décision, elle doit être composée de cinq membres au moins. (1)

La Chambre syndicale a deuxe spèces d'attributions : les unes ayant un caractère purement intérieur, ont pour but de maintenir l'ordre et la discipline ; les autres sont d'ordre extérieur et concernent plus directement le marché et le public financier.

Le principe des attributions disciplinaires de la Chambre syndicale se trouve dans l'article 3 de l'ordonnance du 29 Mai 1816 ainsi conçu : « La Chambre syndicale aura sur les membres de la compagnie la surveillance et l'autorité d'une chambre de discipline ; elle veillera avec le plus grand soin à ce que chaque agent de change se renferme strictement dans les limites légales de ses fontions ; elle pourra, suivant la gravité des cas, censurer, suspendre les contrevenants de leurs fonctions et provoquer auprès du ministre des finances leur destitution. »

De ce droit de contrôle et de surveillance accordé à la Chambre syndicale découle pour elle le pouvoir absolu d'exiger des membres de la compagnie la communication de leurs livres et de vérifier la situation de leur caisse.

_______________

1. Articles 10, 12, 13, 15. Réglement du 24 juillet 1870.

Elle est chargée aussi de statuer sur les contestations qui peuvent s'élever entre les agents de change. (1)

Doit-on appliquer les droits de censure et de suspension aux agents de change des départements ? Nous ne le pensons pas. Les chambres syndicales des agents de change des départements ne tiennent de la loi d'autres pouvoirs disciplinaires que ceux conférés par l'article 15 de la loi du 29 germinal an IX, savoir : « rechercher les contraventions aux lois et réglements et les faire connaître à l'autorité publique : « elle n'ont pas le droit de prononcer des peines disciplinaires.

Telle est d'ailleur la doctrine consacrée par la cour de Cassation. (2)

La Chambre syndicale n'est pas seulement gardienne de la considération de sa compagnie, elle a charge d'assurer et de maintenir des conditions de sécurité dans les négociations. Or la véritable sécurité du marché financier est dans la loyauté, dans la solvabilité des intermédiaires : aussi avant de présenter les candidats à l'agrément du ministre des finances a-t-elle le devoir de recueillir sur eux tous les renseignements nécessaires au double point de vue de l'aptitude et de la moralité.

Elle veille en outre sur les opérations faites par les membres de la compagnie, sur la manière dont ils traitent les affaires, et elle intervient quand les opérations seraient de nature à donner des inquiétudes.

1. Arrêté 29 janvier, an IX, art. 16.
1. Arrêt 21 juillet 1874. Sirey, 1874, 1, 361.

Elle fixe les garanties que chaque agent de change doit exiger à raison des spéculations effectuéés par son intermédiaire.

Elle dénonce les tiers qui s'immiscent dans les fonctions d'agent de change et ceux qui en recourant à eux, se rendent complice de leur délit.(1)

D'après l'art. 155 (1) du règlement des agents de change de Paris, la chambre syndicale, sous l'autorité du ministre des finances a tout pouvoir pour accorder, refuser, suspendre interdire la négociation de toute valeur autre que les fonds d'État français soit au comptant, soit à terme.

Les valeurs étrangères furent longtemps exclues du bulletin officiel des cours de la Bourse. Aux termes d'un arrêt du conseil du 7 août 1785, il était défendu aux agents de change de coter à la Bourse de Paris d'autres effets que les effets royaux et le cours du change. La loi de ventose an IX assimila à cet égard tous les effets publics aux effets royaux ; mais à cette époque les valeurs étrangères ne devaient pas être cotées à la Bourse. Une ordonnance des 12 et 15 novembre 1823 autorisa pour la première fois la cote sur le cours de la Bourse de Paris, des emprunts des gouvernements étrangers.

Plus tard, cette faculté fut étendue aux titres émis par les compagnies de chemins de fer étrangers par un décret du 22 mai 1858.

1. Arrêté 27 prairial, an X, art. 4, 5, 6.
1. Art. 176-207. Règlment du 24 juillet 1870.

Un décret du 8 février 1880 modifiant le décret du 22 mai 1858 a reconnu aux chambres syndicales d'agents de change le droit d'accorder, de refuser, ou de suspendre ou interdire la négociation des valeurs étrangères, de quelque nature qu'elles soient.

Lorsque la chambre syndicale admet à la cote une valeur, la première condition que suppose et comporte cette admission, qu'il s'agisse de valeurs françaises ou étrangères, est, que ces valeurs donnent lieu à des opérations publiques assez nombreuses pour que leur cours puisse être apprécié.

S'il s'agit de valeurs françaises, les conditions prescrites par la loi du 24 juillet 1867 pour la constitution des sociétés, doivent être vérifiées.

La chambre syndicale préside aux liquidations des marchés à terme entre les agents de change (1).

Enfin elle est chargée de constater officiellement les cours : Le bulletin de chaque jour constatant les cours est porté sur un registre officiel, paraphé à chaque page par le préfet de police. Sur ce bulletin sont mentionnés tous les cours successifs au comptant ; pour les marchés à terme on ne mentionne que le premier et le dernier, le plus haut et le plus bas. Chaque bulletin est signé par le syndic et un adjoint ou par deux adjoints. Tous les jours, à 4 heures et 1/2, la chambre syndicale, représentée par deux de ses membres, signe quatre copies imprimées

1. Règlement du 24 julllet 1870.

du bulletin, qui sont adressées une au ministre des finances, une au ministre du commerce, une à la caisse des dépôts et consignations et la dernière à la préfecture de police.

A la chambre syndicale se rattache une institution appelée *caisse commune*. Son avoir se compose : d'une mise de fonds de 100,000 francs versée par chaque agent de change avant son entrée en fonctions, plus une somme de 2,500 francs comme taxe de réception ; d'un droit de timbre pour le papier servant aux négociations à terme et qui est fourni par le syndicat ; du prix des carnets ; des amendes disciplinaires.

Les fonds de cette caisse commune sont destinés à faire face aux engagements pris par des agents de change devenus insolvables vis à vis de leurs confrères pour des opérations rentrant dans l'exercice de leur profession. Ainsi qu'on le verra par la suite, les agents de change sont respectivement responsables les uns envers les autres de la livraison des titres qu'ils ont vendus, et du paiement du prix lorsqu'ils ont fait des achats. Ce sont eux, et non leurs clients, qui deviennent débiteurs ou créanciers à raison des opérations pour lesquelles ils se sont entremis, sauf à chacun d'eux à exiger de ses clients des garanties préalables. Par conséquent, lorsqu'un agent de change est dans l'impossibilité d'accomplir ses engagements, ce sont ses confrères qui en souffrent, et c'est pour éviter qu'ils ne subisent des pertes, à l'occasion des opérations régulièrement faites avec l'agent insolvable, que la caisse commune intervient. Ce n'est donc pas, comme quelques-

uns lecroient, par un sentiment de solidarité professionnelle
en vue de maintenir la considération de la compagnie
que la caisse commune solde les engagements d'un agent
de change insolvable ; c'est parce que, si elle ne les sol-
dait pas, tous les confrères qui ont traité avec l'insolvable subiraient une perte imméritée, et qu'aucun agent de
change n'oserait traiter avec un confrère sans s'être
assuré préalablement de sa solvabilité. Aussi la caisse
commune ne paie-t-elle que les dettes contractées à
raison des opérations faites entre agents de change et
qui ont un caractère professionnel.

La gestion de la caisse commune est placée sous la direction de la chambre syndicale.

### § V. *Mise en société des charges.*

Aux termes de l'article 10 de l'arrêté du 27 prairial an
X, les agents de change ne pouvaient pas établir entre eux,
ni avec qui que ce soit, aucune société de banque ou en
commandite : Mais cette prohibition a été supprimée par la
loi du 22 juillet 1862. Aujourd'hui les agents de change
peuvent s'adjoindre des bailleurs de fonds intéressés qui
participent aux bénéfices et aux pertes résultant de l'exploitation de l'office. Toutefois, la validité de ces sociétés
est subordonnée à plusieurs conditions : 1° elle ne sont permises que pour les offices existant auprès des Bourses pour-

vues d'un parquet, c'est-à-dire auprès des Bourses où il existe un local spécial pour les agents de change, un crieur, une cote officielle. On a considéré que les offices ne réunissant pas ces conditions, n'avaient pas assez d'importance pour motiver une association. (1)

2° Il ne doit y avoir qu'un titulaire unique, personnellement responsable, propriétaire du quart au moins de la somme représentant le prix de l'office et le montant du cautionnement.

3° Les associés bailleurs de fonds, ne peuvent être tenus des pertes que jusqu'à concurrence des capitaux qu'ils ont engagés.

4° Enfin la publicité de la société est prescrite sous la sanction du droit commun (2).

Tout en déterminant les conditions sous lesquelles ces sociétés sont permises, l'art. 75 du Code de commerce ne se prononce pas sur leur caractère. D'après le rapporteur de la loi de 1862, elles seraient des sociétés *sui generis* : « Sans doute, dit il, ces sociétés ne rentrent pas dans le cadre des trois ou quatre sociétés définies ou réglées par le Code de commerce. Mais la loi peut toujours, suivant le

1. Il y a des Bourses à parquet : à Paris, Lyon, Marseille, Lille, Bordeaux, Toulouse, Nantes, Nice.

2. L'article 8 du décret de 1862 renvoie aux articles 42 et suiv. du code de commerce ; mais ces dernières dispositions ayant été abrogées et remplacées par celles du titre IV de la la loi du 24 juillet 1867, c'est la loi de 1867 et non le code qui régit maintenant la publicité des sociétés relatives aux charges d'agents de change.

besoin, créer des sociétés nouvelles ; celle-ci sera une société *sui generis,* spéciale pour un objet spécial. Elle aura ses régles propres, qui seront avouées par la raison et l'expérience. »

Toutefois si ces sociétés ne sont pas des commandites à proprement parler, elles s'en rapprochent sensiblement. Les co-associés de l'agent ne peuvent être que des bailleurs de fonds tenus limitativement ; le gérant nécessaire c'est l'agent lui-même. On a fait remarquer avec beaucoup de raison à ce propos, que l'immixtion du bailleur de fonds dans la direction de l'agence, n'était point frappée ici par les art. 27 et 28 du Code de commerce (1). La règle suivant laquelle l'associé qui gère indûment s'expose à répondre indéfiniment du passif social, n'est édictée par la loi qu'à l'égard du seul commanditaire ; et encore une fois nul texte ne donne à l'associé de l'agent de change cette qualification. La défense d'immixtion a, dans l'espèce une sanction différente ; la loi du 28 ventôse an IX frappe d'une amende proportionnelle au cautionnement l'empiétement commis sur les attributions de l'agent de change (art. 8) ; cette peine atteint son bailleur de fonds tout comme un étranger ; elle suffit.

Nous allons maintenant examiner les attributions des agents de change.

______

1. Buchère. Des opérations de bourse, n° 53. — De Couder, Dict.. v° agents de change, n° 75.

# CHAPITRE II



Les attributions des agents de change ont principalement en vue : 1º la négociation des valeurs et par suite la constatation officielle des cours ; 2º les transferts à effectuer pour les titres nominatifs. Nous aurons également à parler, en troisième lieu, du monopole des agents de change et en dernier lieu de la coulisse.

## § 1. — *Négociation des valeurs.*

L'article 76 du Code de commerce détermine quelles sont les valeurs qui ne peuvent être négociées que par l'intermédiaire des agents de change. Ce sont : les effets publics, les effets susceptibles d'être cotés, les papiers commerçables tels que lettres de change ou billets, les matières métalliques.

Nous ne citons ces deux dernières attributions que parce que le Code en fait mention : pour les achats et ventes de matières métalliques, le Code les met en concurrence avec les courtiers de marchandises (1).

Quant aux négociations de lettres de change ou billets et de tous papiers commerçables, les agents de change les abandonnent aux banquiers et à des négociants appelés parfois *courtiers* de change.

Une autre attribution consiste à certifier les comptes de retour des lettres de change après protèt. D'après l'art. 181 du Code de commerce, le compte de retour comprend le principal de la lettre protestée, les frais de protèt et autres frais légitimes, tels que commission de banque, courtage, timbres et ports de lettres. Il énonce le nom de celui sur qui la retraite est faite et le prix du change auquel elle est négociée. Il est certifié par un agent de change. Cette attribution des agents de change est très peu importante (2).

La plus importante de leurs attributions est, sans contredit, la négociation des effets publics et des effets sus-

_____

1. D'ailleurs, le courtage des marchandises étant devenu libre depuis 1866, il n'y a plus aucun monopole sur ce point.

2. Elle est tombée en désuétude depuis un décret du 24 mars 1848, qui suspendait l'exécution des articles 180, 181, 186 du Code de commerce. Il est vrai que ces décisions n'étaient rendues qu'à titre provisoire ; mais comme elles n'ont jamais été rapportées, il faut les considérer comme étant toujours en vigueur. M. Boistel, *Précis de droit commercial*, p. 455.

ceptibles d'être côtés. Aucune opération ne pouvant être faite sur ces valeurs sans leur intermédiaire, il importe de rechercher ce que comprennent ces expressions « effets publics et effets susceptibles d'être cotés », pour arriver à déterminer quelles valeurs tombent sous le privilège des agents de change. Voyons d'abord ce qu'il faut entendre par « effets publics. »

Sous l'ancienne monarchie, on ne comprenait réellement sous le nom « d'effets publics » que les effets royaux (inscriptions de rentes perpétuelles ou viagères, bons du Trésor, etc.). Aujourd'hui on considère comme effets publics proprement dits : 1° les inscriptions de rentes sur l'Etat, les rentes viagères et les bons du Trésor ; 2° les actions et obligations de certains canaux, chemins de fer et compagnies garanties par l'Etat.

En outre, on étend généralement la qualification d'effets publics aux titres souscrits par les villes, les établissements publics et les anciennes sociétés anonymes autorisées : notamment aux rentes et obligations des villes de Paris, de Lyon, Marseille, etc.; aux actions de la Banque de France, du Crédit Foncier, du Crédit Lyonnais, etc.; aux actions et obligations des canaux ou des chemins de fer non garanties par l'Etat, et depuis l'ordonnance du 2 novembre 1823 aux emprunts des gouvernements étrangers (1).

1. Buchère, *Trait. des val. mobil.*, n° 25. — Dalloz, v° *Bourse de commerce*, n°s 230-231.

Tels sont les effets publics dont la négociation est attribuée aux agents de change par l'art. 76 du Code de commerce.

Mais que faut-il entendre par les mots « effets susceptibles d'être côtés ? » Ces expressions veulent-elles dire que les titres doivent être actuellement cotés et par conséquent la loi exige-t-elle l'admission à la cote comme condition préalable du privilège, ou signifient-elles simplement que les titres doivent être susceptibles d'être cotés à l'avenir et par conséquent le privilège est-il indépendant de la cote ?

Suivant quelques auteurs, ces expressions « effets susceptibles d'être cotés » s'appliqueraient à tous les titres qui, par leur importance et leur multiplicité, sont destinés à acquérir un grand mouvement de circulation, bien qu'ils ne soient pas admis à la cote.

Il importe de remarquer qu'en fait le marché financier est divisé en deux grandes catégories, représentées par le marché en Bourse et le marché en Banque. Cette situation nécessite une ligne de démarcation bien précise qui assigne à chacun son domaine. L'opinion que nous venons de mentionner atteint-elle ce but ? Non ; si l'on admettait une pareille manière de voir, les limites du monopole des agents de change seraient bien incertaines et des intermédiaires pourraient y porter atteinte sans le vouloir et sans le savoir. Et cependant qui dit monopole dit un domaine et des droits nettement délimités et circonscrits, de telle façon que ceux au profit desquels le monopole existe sachent bien jusqu'où il va, que ceux qui sont en dehors de l'exercice de ce monopole sachent bien ce qui leur est interdit.

Il faut en conclure que ces mots « susceptibles d'être cotés » ne s'appliquent qu'aux effets qui ont été reconnus par la chambre syndicale des agents de change, se trouver dans des conditions qui permettaient de les admettre à la cote et qui y ont été admis (1).

Cette solution a en effet l'avantage de faire à chacun sa part : aux agents de change, le marché des valeurs cotées ; à tous agents de change, coulissiers, banquiers, le marché des valeurs non cotées (2). Que si la coulisse négocie des valeurs cotées, elle entre dans le domaine réservé, elle est en faute et cette faute peut être réprimée par une double sanction civile et pénale.

Nous nous bornerons à mentionner la constatation des

1. C'est l'opinion admise par la Cour de cassation le 1er juillet 1885, Sirey, 1885, 1, 257.

2. A notre avis, en prenant les mots « effets susceptibles d'être cotés » dans leur sens naturel et littéral, on ne pourrait pas évidemment les entendre dans le sens d'effets cotés. Les mots « susceptibles d'être côtés » désignent une valeur qui, par son origine et ses divers caractères, rentre dans la catégorie des valeurs qui sont habituellement négociées à la Bourse. Mais cette théorie serait impraticable, et par suite on est conduit à admettre qu'il y a eu de la part du législateur une inadvertance de langage, résultant de ce qu'à cette époque, il n'était pas question du marché en banque, et que par conséquent il ne pouvait exister une ligne de démarcation entre le marché en Bourse et le marché en Banque.

cours des valeurs négociées à la Bourse, ainsi que les cours du change et les achats et ventes de matières métalliques attribuées aux agents de change par l'art. 76 du Code de commerce : on a vu précédemment que cette constatation est faite par la chambre syndicale et de quelle manière elle est faite.

## § 2. — *Transferts.*

Une des principales attributions des agents de change, en dehors de la négociation des valeurs, est leur intervention nécessaire dans le transfert des rentes sur l'Etat.

Toute inscription, faite au nom d'un individu déterminé, d'une rente sur le grand livre de la dette publique, ne peut disparaître qu'autant que la vente du titre de la rente a été opérée, et qu'il a été attesté que le vendeur était bien le propriétaire, dont le nom est inscrit sur les registres.

L'opération qui consiste à changer le nom de l'inscrit, ou simplement à faire disparaître le nom pour transformer des titres nominatifs en titres au porteur se nomme le *transfert.*

C'est la loi du 28 floréal an VII qui la première a organisé les transferts des inscriptions de la dette publique. D'après cette loi le transfert était fait sur la simple déclaration du vendeur, qui se présentait au bureau chargé de recevoir les transferts pour faire la déclaration; il y remettait un bulletin de l'inscription qu'il entendait transférer et dont la signature était biffée en sa présence: bulletin lui était délivré de cette remise.

Ce mode de procéder donnait lieu à de nombreux abus. Lors même qu'il fallait produire un certificat de propriété, rien ne garantissait l'identité du vendeur, et il en résultait des fraudes très fréquentes au préjudice du Trésor. C'est pour y remédier et couvrir la responsabilité du Trésor que l'arrêté du 27 prairial an X a exigé qu'un agent de change concourût au transfert pour certifier l'identité du propriétaire transférant, ainsi que de la sincérité de la signature et des pièces produites, et l'a rendu par le seul fait de sa certification responsable de la validité du transfert.

### § III. — *Etendue du monopole des agents change.*

Les attributions des agents de change expliquées, nous devons maintenant examiner quelques difficultés qui se sont élevées relativement à leur monopole.

Et d'abord l'exécution des ordres de Bourse par des banquiers auxquels ils ont été confiés par leurs clients constitue-t-elle le délit d'immixtion dont les fonctions d'agents de change? La solution à donner à cette question dépend de la manière dont ces ordres sont exécutés. Il n'y a point de délit, si le banquier transmet les ordres à un agent de change qui achète ou vend les titres. Au contraire le délit existe quand le banquier applique lui-même à un de ses clients qui lui a donné un ordre d'achat, les titres qu'un autre client lui a donné l'ordre de vendre. Dans ce cas seulement on peut dire que le banquier se substitue à un agent de change.

Nous donnerons la même solution relativement aux trésoriers payeurs-généraux. Le ministre des finances les autorise à se charger, moyennant un droit de commission déterminé, de faire opérer pour les particuliers des ventes et achats de fonds d'État français. Il est évident qu'il n'y a point de délit d'immixtion, quand pour l'exécution des ordres, les trésoriers payeurs-généraux s'adressent à un agent de change, et qu'au contraire le délit existe, s'ils exécutent eux-mêmes l'opération.

Une question importante a été soulevée par la Chambre des notaires de Paris : elle soutenait que le privilège des agents n'existait point, lorsqu'il s'agissait d'une vente judiciaire d'effets publics appartenant à une succession bénéficiaire, à des mineurs ou autres incapables, et que ces ventes pouvaient être faites aux enchères dans les études de notaires. Voici ce qui avait donné lieu au débat : en 1851, le tribunal de la Seine avait ordonné la vente devant notaires de diverses valeurs dépendant de successions bénéficiaires. Mais le syndic des agents de change étant intervenu par voie de tierce opposition, la

Cour de Paris (1) infirma les décisions du Tribunal et consacra le privilège exclusif des agents de change. Sur le pourvoi dirigé contre l'arrêt de la Cour de Paris, la Cour de cassation décida que le privilège n'existait que lorsqu'il y avait lieu de procéder par voie de négociation d'agent de change à agent de change entre parties devant rester inconnues, et qu'on ne pouvait assimiler à ses négociations des ventes qui devaient être faites aux enchères et avec des formes expressément prescrites par la loi.

La chambre syndicale des agents de change avait pris, il est vrai, un arrêté en date du 4 février 1850, aux termes duquel les agents de change étaient tenus, pour les ventes faites en vertu de jugement, d'observer les formes de publicité usitées pour les adjudications mobilières ordonnées en justice. Mais cette publicité ne permettait point de vendre ces titres aux enchères, et par suite devait rester sans effet. Au surplus, l'article 76 ne donne de privilège exclusif aux agents de change qu'en cas de négociation, ce qui, d'après M. Boistel (1), suppose des ventes amiables.

En conséquence, nous partageons l'opinion admise par la Cour de cassation, (2) d'après laquelle les textes de lois ne précisant pas la classe d'officiers qui doit procéder à ces ventes, il appartient aux juges de faire, pour chaque cas particulier, telle désignation que bon lui semble, en se

---

1. 2 août 1851.
1. Boistel, *Précis de droit commercial*, page 456.
2. Arrêt du 7 décembre 1853, Dalloz, 1re partie, page 128.

conformant aux lois générales qui règlent les attributions des diverses classes de ces officiers. Au surplus, la
question ne peut plus se poser que dans le cas de successions bénéficiaires ; car en ce qui concerne les mineurs
et les interdits, elle semble bien tranchée par la loi du 28
février 1880, relative à l'aliénation des valeurs mobilières
appartenant à des incapables. L'article 3 de cette loi dis-
pose en effet que « l'aliénation sera opérée par le ministère d'un agent de change, toutes les fois que les valeurs
seront négociables à la Bourse, au cours moyen du jour ».

### § IV. — *De la coulisse.*

En dehors de ces cas exceptionnels, nous voyons les
fonctions d'agents de change journellement usurpées par
les coulissiers. A Paris, la coulisse est, en effet, une véritable contrefaçon du parquet des agents de change par
ses usages, par les opérations qui s'y traitent, par les époques et les formes de liquidation qui y sont adoptées. On
la désigne souvent sous le nom de *petite Bourse* des Boule-
vards, du lieu où elle se réunit, le soir, près du boule-
vard des Italiens. Pendant le jour, elle se tient au palais de la Bourse, côte à côte avec le parquet.

Les opérations de la coulisse ne s'effectuent qu'en violation de deux prescriptions légales : d'abord au mépris
de l'interdiction de négocier des effets publics par d'au-

tres que par les agents de change, ensuite au mépris de l'interdiction de faire ces négociations ailleurs qu'à la Bourse.

En 1859, la Chambre syndicale des agents de change de Paris poursuivit les coulissiers et les fit condamner. (1) Mais depuis, ils ont repris leurs opérations et ils les continuent aussi ostensiblement et aussi tranquillement que jamais, comme si un accord tacite s'était établi entre eux et les agents de change. Il est à supposer que les agents de change, vu leur petit nombre et l'impossibilité dans laquelle ils se trouveraient, s'il leur fallait intervenir dans toutes les opérations de Bourse, préfèrent admettre la coulisse, dans la crainte que leur nombre ne soit augmenté, ce qui entraînerait une dépréciation dans la valeur de leurs charges.

Les avantages qui font rechercher souvent l'entremise des coulissiers sont : qu'ils prennent un courtage moindre, qu'ils opèrent toute la journée et qu'ils font des opérations à tous les termes qui conviennent aux parties.

Les agents de change eux mêmes emploient leur ministère et y trouvent un réel avantage. Comme les réunions de la coulisse sont pour ainsi dire permanentes, un agent de change qui a des doutes sur un client peut, à toute heure et à tout instant, couper court aux opérations engagées en donnant ordre à un coulissier d'acheter ou de vendre les rentes vendues ou achetées par ce client. Si

1. Paris, 2 août 1859. Cassat, 19 janvier 1860. Sirey, 1860, 1re partie, page 481.

l'agent de change attendait la Bourse du lendemain et qu'un événement imprévu arriva dans l'intervalle, il serait exposé à des pertes considérables contre lesquelles il ne pourrait guère se prémunir dans le cas où la couverture serait insuffisante.

Il y a donc alliance entre la coulisse et le parquet ; cette union née de la tolérance, a été inventée par l'intérêt ; la loi la déclare illicite, le fait la proclame nécessaire. L'important est de tracer des limites que la coulisse devra respecter ; ce qui sera facile, si, comme nous l'avons exposé un peu plus haut, on ne reconnaît de privilège aux agents de change, que pour les valeurs cotées.

# CHAPITRE III



Les agents de change sont tenus de se conformer, soit à des obligations proprement dites, qui leur sont prescrites, soit à des prohibitions qui leur sont imposées.

## § 1 *Obligations prescrites aux agents de change.*

Les obligations prescrites aux agents de change sont 1° de prêter leur ministère, lorsqu'ils en sont requis 2° de garder le secret à leurs clients ; 3° de leur remettre un bordereau des opérations qu'ils ont faites, 4° de transcrire leurs opérations, 5° de délivrer des récépissés à leurs clients.

1. — *Obligation de prêter leur ministère.* Les agents de change doivent prêter leur ministère, toutes les fois qu'ils en sont requis pour une négociation licite. Cette règle est une conséquence du monopole que leur confère l'article 76

— 93 —

u Code de Commerce. Applicable aujourd'hui à tous les
'ficiers ministériels, elle résultait d'une manière spéciale
our les anciens agents de change d'un décret du conseil
u 30 mars 1774.

En cas de refus de la part de l'un deux de se charger
'une opération régulière, il pourrait être porté plainte
evant la chambre syndicale et devant le Tribunal de com-
ierce dont l'agent est justiciable(1) .

La règle qui impose aux agents de change l'obligation
e prêter leur ministère toutes les fois qu'il en sont re-
uis, reçoit cependant plusieurs exceptions. Ainsi il leur
st défendu, sous peine d'amende et même de destitu-
ion, de négocier des effets publics appartenant aux né-
ociants faillis. (2) Mais il faut, pour l'application de cette
rohibition, que la faillite ait été déclarée judiciairement,
ien que l'article 10 de l'arrêté du 27 prairial an X sem-
le prêter à une interprétation plus large, puisqu'il dé-
end toute négociation de valeurs appartenant à ceux
ont la faillite est connue. Mais cette interprétation au-
ait des conséquences qui la rendraient inadmissible. Les
gents de change seraient obligés en effet de se livrer à
es investigations souvent très difficiles. D'ailleurs, ils

1. Arrêté du 29 germinal, an IX, art. 16.
2. Loi du 8 mai 1791, art. 11. Arrêté du 27 prairial an X, art.
8.
Cette interdiction a été reproduite par le règlement particulier
es agents de change de Paris, qui assimile, sous ce rapport, au
ailli, celui qui a manqué à ses engagements de Bourse (art. 68).

pourraient être trompés par de faux renseignements ou des bruits malveillants ; et si, sur des apparences défavorables, ils refusaient leur ministère, ils s'exposeraient à être poursuivis par suite de leur refus, et même, à une action en dommages-intérêts de la part du client, qui pourrait considérer cette allégation comme diffamatoire. Aussi est-il généralement admis que les agents de change ne doivent refuser leur ministère que lorsqu'il y a eu jugement déclaratif de faillite.

La loi du 8 mai 1791 défendait également aux agents de change de faire aucune négociation de valeurs qui leur seraient remises par des personnes non connues ni domiciliées. Cette règle qui n'a jamais été formellement abrogée, est tombée en désuétude et est aujourd'hui sans application. L'arrêté du 27 prairial an X n'a du reste pas renouvelé cette prohibition ; ce qui peut être considéré comme une abrogation implicite des anciennes dispositions légales à cet égard.

II. *Obligation de garder le secret.* — Les agents de change doivent garder le secret le plus absolu sur le nom des personnes qui les ont chargés de négociations, à moins que les intéressés ne consentent à se faire connaître ou que la nature des opérations ne l'exige impérieusement. (1)

Cette disposition était écrite dans tous les anciens règlements, et l'arrêt du conseil du 24 septembre 1724 y

---

1. On peut citer, pour exemple, les ventes de rentes appartenant à des mineurs ou à des incapables ; les formalités à remplir rendent superflue la discrétion des intermédiaires.

avait ajouté une sanction pénale : la violation du secret pouvait, outre la réparation du dommage, entraîner la destitution de l'agent de change et une amende de trois mille livres.

L'arrêté du 27 prairial an X a renouvelé l'obligation du secret, mais sans rappeler cette pénalité qui se trouve ainsi implicitement abrogée. Toutefois l'agent de change contrevenant pourrait, en vertu des principes généraux du droit, être condamné à des dommages-intérêts envers la partie lésée, (1) et être frappé disciplinairement par la Chambre syndicale.

Cette obligation du secret assimile jusqu'à un certain point le rôle de l'agent de change à celui du commissionnaire en marchandises, qui traite en son nom personnel, comme le permet l'article 94 du Code de commerce.

Les parties devant rester inconnues l'une à l'autre, n'ont entre elles aucun rapport : le contrat se forme seulement entre les agents de change, qui stipulent en leur nom pour le comte de leurs commettants. L'opération ne fait naître d'obligations qu'entre eux ; mais chaque client a action contre son agent de change pour lui faire rendre compte de l'exécution du mandat, lui faire livrer les titres ou lui faire payer le prix dans le cas d'ordre d'achat ou de vente.

Mais une difficulté s'élève relativement à l'obligation du secret. Dans le cas où des recours seraient exercés par

1. Art. 1382-1383 Code civil.

des souscripteurs ou des cessionnaires d'actions non entièrement libérées, auxquels on réclamerait les versements
complémentaires, les agents de change sont-ils tenus, dans
ce cas, de faire connaître les noms des clients acheteurs?

La raison de douter se tire de la situation particulière
qui est faite aux souscripteurs primitifs et à quelques-
uns de leurs cessionnaires, par l'article 3 de la loi du 24
juillet 1867. On sait en effet, qu'aux termes de cet article, lorsque l'assemblée générale des actionnaires, usant
d'une faculté réservée par les statuts constitutifs de la société, a décidé de convertir du nominatif au porteur les
actions libérées de moitié, les souscripteurs primitifs, qui
ont aliéné leurs actions et ceux auxquels, ils les ont cédées avant le versement de moitié (1), à la différence de
ceux qui ne les ont acquis que depuis cette époque, restent tenus au paiement du montant de leurs actions pendant un délai de deux ans à partir de la délibération.

Toutefois cette situation rigoureuse ne leur enlève pas
le droit de recourir contre le détenteur du titre, qui,
en définitive, est le véritable débiteur. Seulement cela
suppose qu'ils peuvent arriver à connaître le détenteur;
or, comment pourront-ils y arriver?

Les agents de change auxquels les révélations des noms
des acquéreurs seront réclamées, ne peuvent-ils pas, ne
doivent-ils pas même se refuser à les faire, à raison de l'o-
bligation du secret qui leur est imposée? Nous ne le croyons

1. Cédées avant le versement de moitié, c'est-à-dire, avant la
décision de l'assemblée.

pas, dit M. Lyon-Caen, (1) et nous partageons l'opinion
de ce savant professeur. « L'article 19 de l'arrêté du 27
prairial de l'an X a pour but principal de faire planer, sur
les opérations de Bourse, un secret sans lequel le succès
des plus habiles opérations, serait compromis. Il n'est
pas nécessaire, pour que ce but soit atteint, que le secret
soit conservé après que les opérations ont été conclues
et exécutées. D'ailleurs l'article 19 de l'arrêté de prairial n'est pas absolu ; il apporte deux restrictions à l'obligation du secret imposée aux agents de change : l'une
résulte de ce que les parties consentent à être nommées ;
nous ne pouvons évidemment invoquer cette exception, car
rien ne prouve que les acquéreurs consentent à la révélation de leurs noms. Mais l'article 19 admet une deuxième
exception à l'obligation du secret pour le cas où la nature des opérations exige que les parties soient nommées.
On est bien ici dans un cas de cette sorte : la cession d'une
action non libérée engendre par sa nature une obligation
de garantie, et cette obligation n'aurait aucun effet pratique, si les agents de change pouvaient se retrancher der-
rière l'obligation du secret, pour refuser la révélation des
noms des acquéreurs des titres au porteur.

Une note de M. Labbé sous un arrêt de Cassation du 8
août 1882 (2) nous confirme dans notre opinion. D'après
l'éminent professeur, lorsqu'un client a acheté des titres
non libérés, il dépendrait de lui de s'opposer à la divul-

1. Lyon-Caen. Note sous Lyon 1883. Sirey, 83, 2, 193.
2. Journal du Palais. Année 1883, page 114.

gation de son nom en fournissant à l'agent les fonds nécessaires pour la libération entière de ses titres. L'agent
au contraire, serait autorisé à nommer son client, lorsque celui-ci n'aurait pas procuré ces ressources. Or, il
est certain que, dans la pratique, les clients ne déposent
pas chez leur agent de change des fonds destinés à la libération de leurs titres, d'autant plus que ces titres ne
seront peut-être jamais libérés en entier : Nous en con-
clurons que les agents de change devront, lorsqu'ils en
seront requis, faire connaître le nom des acquéreurs.

Que l'obligation du secret soit imposée aux agents de
change pour la conclusion et l'exécution de l'opération, rien de plus juste. On comprend en effet, que
si les opérations effectuées par un spéculateur étaient
connues, son crédit pourrait en être ébranlé ; et que d'autre part, si ce spéculateur avait à sa disposition de grands
capitaux et une influence considérable, personne n'oserait entreprendre la contre-partie de ses opérations. On
verrait au contraire les petits spéculateurs se lancer à sa
suite et se retirer en même temps que lui : D'où la conséquence que la Bourse tomberait pour ainsi dire à la merci
de quelques-uns, qui seraient les maîtres absolus du
marché ! Mais une fois l'opération exécutée, il n'y a aucune raison plausible d'imposer le secret aux agents de
change.

III. *Obligation de remettre des bordereaux.* Chaque agent
de change doit remettre à son client un bordereau signé de
lui constatant l'exécution de l'opération dont il a été chargé

Bien que la loi n'ait pas déterminé la forme du bordereau, on s'accorde généralement à reconnaître qu'il doit
contenir le détail des opérations faites pour le client, l'indication des valeurs achetés ou vendues et le prix auquel
l'achat ou la vente a eu lieu. S'il s'agit d'un achat, les agents
de change, depuis la loi du 15 juin 1872, sont astreints à
mentionner en outre sur leurs livres, les numéros des titres qu'ils ont achetés. Les bordereaux sont signés par les
agents de change, mais non par les parties, quoique l'article 105 du Code de commerce le suppose. La raison en
est, qu'étant obligés au secret les agents de change ne
pourraient, sans manquer à cette obligation, délivrer aux
contractants des bordereaux contenant leurs noms et leurs
signatures. Pour qu'il en fût autrement, il faudrait qu'ils
eussent été dispensés par eux de l'obligation du secret.

L'article 109 du Code de commerce reconnaît aux bordereaux un caractère légal suffisant pour constater les
opérations qui y sont énoncées : ils ne peuvent toutefois
pas être assimilés aux actes authentiques.

D'après M. Boistel (1), « Les agents de change ne sont
pas des officiers publics chargés spécialement *de constater* les conventions des parties ; leurs fonctions essen-
tielles sont de les faire conclure, et s'ils les constatent,
c'est seulement une fonction accessoire. D'autre part, la
loi n'a pas exigé pour ces bordereaux les solennités exi-
gées en général pour les actes authentiques (art. 1317,

---

1. Boistel, Précis de droit commercial, 2e édition, page 296.

Code civil). La loi du 28 ventôse de l'an IX, art. 7, qui énumère leurs fonctions, dit seulement : « Qu'ils justifient devant les tribunaux la vérité et le taux des négociations » ; elle ne dit pas qu'ils donnent l'authenticité à leurs actes. De même l'art. 79 du Code de commerce dit seulement : « Ils attestent la vérité par leur signature. » L'art. 109, dans son énumération, place les bordereaux au milieu des actes sous seing privé, enfin il exige la signature des parties, dont l'absence n'empêche pas au contraire la validité des actes authentiques.

Toutefois si ce ne sont pas des actes authentiques, ils sont plus que des actes sous signature privée ; car il résulte de l'article 7 cité de la loi du 28 ventôse an IX, que la déclaration de ces agents a autorité devant la justice. D'où nous concluons qu'ils sont dispensés de la formalité des doubles et du bon et approuvé ; qu'ils font foi absolue de leur date même à l'égard des tiers et qu'ils font foi des signatures apposées.

Font-ils foi de cela jusqu'à inscription de faux ? Nous ne l'admettons pas. Le même article 7 de la loi du 28 ventôse de l'an IX ne dit rien de pareil, et une semblable autorité ne peut être établie que par un texte formel. L'arrêté du 27 prairial de l'an X, articles 14 et 16, dit qu'ils sont responsables de la validité des signatures sans indiquer aucune exigence pour faire tomber leur témoignage. Enfin nulle disposition ne les soumet à la peine de faux en écriture publique, ce qui devrait être, s'ils étaient crus jusqu'à inscription de faux. »

Les bordereaux font donc preuve de l'opération et des conditions moyennant lesquelles, elle s'est accomplie ; mais ils ne sont pas le seul mode de preuve et ils peuvent être remplacés par toute autre justification, notamment par les carnets ou les registres des agents de change. On sait en effet qu'en matière commerciale, le juge a la faculté de baser sa décision même sur de simples présomptions.

IV. *Obligation d'inscrire leurs opérations sur un livre journal.* — L'article 84 du Code de commerce prescrit aux agents-de change la tenue d'un livre régulièrement paraphé par un des juges du Tribunal de commerce, sur lequel ils doivent consigner jour par jour, et par ordre de dates, sans ratures, interlignes ni transpositions, et sans abréviations ni chiffres, toutes les conditions des ventes, achats, négociations faites par leur ministère.

Cette disposition est la reproduction de l'article 11 de l'arrêté du 27 prairial an X, qui décidait en outre que les opérations seraient consignées sur des carnets, pour être ensuite transcrites sur le livre-journal. Bien que cette dernière prescription n'ait pas été reproduite par le Code de commerce, la tenue du carnet a été maintenue dans la pratique.

Les carnets ne sont soumis à aucune forme spéciale ; à Paris, ils sont tous uniformes et paraphés par la chambre syndicale.

Les agents y inscrivent, ordinairement au crayon, les opérations au moment même où elles sont conclues, de manière à fixer leur souvenir et à éviter toute erreur. Ces opérations sont ensuite transcrites dans les vingt-quatre heures sur le livre-journal tenu en conformité de la loi.

Les agents de change mentionnent souvent sur leurs registres les séries et numéros des actions et obligations négociées par leur ministère, bien que cela ne soit pas exigé par le Code. A Paris, d'après un usage constant, ces mentions sont faites pour toutes les valeurs françaises. Toutefois, en cas de ventes ou d'achats de titres au porteur, la loi du 15 juin 1872, par son article 13, oblige d'une manière générale les agents de change à en indiquer leurs numéros sur leur livre-journal et sur les bordereaux qu'ils délivrent aux parties.

Il peut arriver qu'il existe une différence entre les énonciations portées sur le carnet et celles du livre-journal. Dans ce cas, quelle est l'énonciation à laquelle il faut donner la préférence? Nous croyons qu'il n'y a pas à poser, à cet égard, de règle absolue. Les juges ont à apprécier en toute liberté quel est de ces deux livres celui qui paraît être le plus exact. Cependant, s'il fallait donner une préférence, nous pensons, contrairement à l'opinion du plus grand nombre des auteurs qui donnent la préférence au livre-journal, que les indications du carnet doivent l'emporter. En effet, ces énonciations ont été rédigées au moment même où le marché se concluait, de la main de l'agent de change qui a pu difficilement se tromper. Au contraire, la transcription sur le livre-jour-

nal est faite après coup, par un employé qui a pu se méprendre d'autant plus facilement que le carnet écrit au
crayon, au milieu du bruit de la Bourse, est difficile à
déchiffrer. De plus, après chaque Bourse, les agents se
retirent dans leur cabinet pour y faire ce qu'ils appellent
le pointage ; ils font l'appel de leurs opérations et véri-
fient par ce moyen l'exactitude des mentions portées sur
ce carnet.

En vertu des dispositions de l'article 11 de l'arrêté
du 27 prairial an X et des articles 14 et 15 du Code de
commerce, les agents de change peuvent être tenus de
communiquer leurs registres aux juges et aux arbitres.

V. *Obligation de délivrer des récépissés.* — Les agents de
change sont obligés de donner, lorsqu'ils en sont requis,
un récépissé de toutes les sommes qui leur sont versées et
des valeurs qui leur sont déposées. Cette prescription, édictée par l'article 11 de l'arrêté du 27 prairial an X, et re-
nouvelée d'une manière expresse par le décret du 1er octobre 1862, article 6, est en général suivie par les
agents de change des départements ; mais elle est constamment violée par ceux de Paris, qui se font en quelque
sorte un point d'honneur de ne pas s'y soumettre.

Nous croyons que c'est là un usage que rien ne justifie
et qui pourrait avoir de sérieux inconvénients ; par
exemple, au cas d'infidélités commises par des employés,
de déconfiture d'un agent de change, toutes hypothèses
qui doivent être prévues et dont la prudence commande
de tenir compte. En regard d'une remise de titres et de

versements de sommes, le récépissé est la règle ; et il est à souhaiter qu'une nouvelle disposition légale, avec une sanction pénale, intervienne pour forcer les agents de change à le donner.

Ainsi que nous l'avons déjà expliqué, une dernière obligation était imposée aux agents de change par un arrêt du conseil du 24 septembre 1724, confirmé par l'arrêté du 27 prairial an X : ils devaient exiger la remise préalable des valeurs qu'ils étaient chargés de vendre ou des sommes nécessaires au paiement des titres qu'ils devaient acheter. Mais on sait que cette obligation a cessé depuis la loi du 28 mars 1885 qui, en établissant la responsabilité des agents de change en ce qui concerne la livraison des titres lorsqu'ils ont vendu, et le paiement du prix lorsqu'ils ont acheté, a supprimé la mention qui, d'après l'article 13 de l'arrêté du 27 prairial an X, leur faisait un devoir d'exiger la remise préalable des titres ou des espèces. Si les agents de change ont conservé l'usage d'exiger ces remises en totalité ou en partie, c'est pour couvrir leur responsabilité, et non par suite d'une obligation.

§ II. — *Défenses faites aux agents de change.*

Il est défendu aux agents de change : 1° de faire aucune opération pour leur compte ; 2° de faire des avances à leurs clients ; 3° de s'associer entre eux, mais cette défense a été abrogée ; 4° de se faire représenter par des délégués ; 5° de faire des négociations ailleurs qu'à la Bourse.

I. *Défense de faire des opérations pour leur compte.* — Aux termes de l'article 85 du Code de commerce, il est interdit aux agents de change de faire aucune opération pour leur propre compte. Cette prohibition était nécessaire à leur considération. Autrement ils auraient pu être soupçonnés de s'attribuer les bénéfices des opérations avantageuses au préjudice des clients dont les noms restent inconnus au moment du marché.

L'article 85 leur interdit également de faire aucune opération de commerce ou de s'intéresser directement ou indirectement dans aucune entreprise commerciale. Le but de cette prohibition est de les empêcher de se livrer à des opérations aléatoires qui pourraient avoir pour conséquences de diminuer les garanties, que les clients forcés par la loi de recourir à leur intermédiaire, doivent trouver dans leur solvabilité personnelle.

Il ne faut cependant pas exagérer la portée de cette prohibition : La loi n'a pu vouloir défendre aux agents de change, de placer leurs capitaux en actions de société commerciales ou autres valeurs de Bourse, et dès lors les acquisitions faites pour leur compte personnel seront valables si elles ont pour objet un placement sérieux. C'est ce qui a été jugé par la Cour de cassation le 20 janvier 1843.

II *Défense de faire des avances à leurs clients* — Les agents de change ne devaient, en outre, rien recevoir ou payer pour le compte de leurs commettants et ne pouvaient se rendre garants de l'exécution des marchés dans lesquels ils s'entremettaient.

Si on avait pris à la lettre cette prohibition de rien recevoir ou payer pour le compte des commettants, la disposition de l'arrêté du 27 prairial an X, qui oblige l'agent de change à payer le prix de la négociation, lorsqu'il est acheteur, ou à le recevoir, lorsqu'il est vendeur, afin que les parties puissent ainsi rester inconnues l'une à l'autre, ne se serait pas comprise. Prise à la lettre, cette prohibition aurait rendu impossible l'exercice de la profession d'agent de change telle qu'elle a été déterminée par les lois et règlements. Mais tous les auteurs reconnaissent que la prohibition de l'article 85 § 3, doit être interprétée d'après les anciennes ordonnances auxquelles elle a été empruntée : elle a uniquement pour objet d'empêcher les agents de change de se faire les banquiers de leur clients, de leur ouvrir des comptes et de leur faire des avances pour le paiement des valeurs achetées.

Les agents de change ne pouvaient pas non plus se rendre garants des opérations dans lesquelles ils s'entremettaient. Cette prohibition ne signifiait assurément pas que l'agent de change qui faisait une opération, ne devait pas s'obliger. Par cela même qu'ils sont tenus au secret les agents de change contractent en leur nom et s'obligent les uns envers les autres, ainsi qu'envers leurs clients. Il est donc probable que cette prohibition se liait à l'obligation pour les agents de change de n'opérer qu'après s'être fait remettre les sommes ou les titres. Elle aurait donc eu la signification suivante, les agents de change ne doivent jamais contracter d'obligations sans avoir reçu de leurs clients ce qui est nécessaire pour en assurer l'exécution. Mais cette obligation n'existe plus, ainsi que nous le verrons un peu plus loin, depuis la loi du 28 mars 1885.

III. *Défense aujourd'hui abrogée, de s'associer avec des tiers.* — Ainsi que nous l'avons dit en parlant des mises en sociétés des charges d'agents de change, la défense faite à ces officiers ministériels par l'article 10 de l'arrêté du 27 prairial an X d'avoir entre eux, ni avec qui que ce soit aucune société de banque ou en commandité a été abrogée par la loi de 1862. On comprend aisément que la loi leur ait interdit de s'associer entre eux, car en agissant ainsi, ils se rendraient entièrement maîtres du marché et ils pourraient imposer à leurs clients des conditions

trop onéreuses. Mais il n'y avait pas les mêmes inconvénients à les laisser s'associer avec des tiers, et la valeur
considérable des charges, dont quelques-unes se sont
vendues à Paris jusqu'à deux millions, faisait presque
une nécessité de ces associations ; c'est donc avec raison que la loi 1862 leur a permis de s'adjoindre des
bailleurs de fonds.

IV. *Défense d'agir par des délégués.* — Si la défense faite
aux agents de change de s'associer avec des tiers a été
abrogée, il n'en est pas de même de la prohibition dont
ils ont été également frappés d'agir par des délégués.
Aux termes de l'art. 7 du décret du 1er octobre 1862, il
leur est interdit d'avoir, soit en France sur une place autre que celle pour laquelle ils ont été nommés, soit à
l'étranger, des délégués chargés de les représenter ou de
leur transmettre directement des ordres.

Mais, comme le font très bien remarquer MM. Dalloz
et Mollot, cette prohibition ne doit pas interdire aux
agents de change de se suppléer entre eux en cas d'absence ou d'empêchement. Cette faculté leur est d'ailleurs
laissée par l'art. 28 de l'arrêté du 27 prairial an X. En
outre, un décret du 13 octobre 1859, renouvelant une
disposition de l'art. 27 de l'arrêté du 27 prairial an X,
autorise les agents de change près la Bourse de Paris à
s'adjoindre un ou deux commis principaux qui ne peuvent faire aucune opération pour leur propre compte,
mais qui agissent au nom et sous la responsabilité des
agents de change. Les commis principaux sont soumis à

des dispositions spéciales insérées dans le règlement des agents de change de Paris, art. 59 à 64.

Le fait de recevoir des ordres de Bourse qui leur sont transmis par des banquiers, notaires ou autres correspondants des départements, n'est pas une infraction à la prohibition ci-dessus énoncée. Ce n'est pas à des faits de cette nature absolument licites que s'applique le décret de 1862. Ce décret, dit M. Buchère (1), a seulement pour objet d'appliquer aux agents de change une règle commune à tous les officiers ministériels qui, en raison de leur caractère et dans l'intérêt de leur considération, ne doivent point solliciter les affaires à l'aide de courtiers ou de délégués de bas étage et doivent attendre qu'elles leur soit adressées directement par les clients ou leurs mandataires.

V. *Défense de faire des négociations ailleurs qu'à la Bourse.* — Les agents de change ne peuvent s'assembler ailleurs qu'à la Bourse, ni faire des négociations à d'autres heures que celles indiquées par les règlements, à peine de destitution et de nullité des opérations qu'ils auraient faites (2).

Une telle disposition se comprend aisément, car s'il était utile, pour rendre les opérations de commerce plus faciles et plus sûres, de rapprocher les négociants dans un même lieu où l'autorité pût exercer sa surveillance,

1. *Opérations de Bourse,* n° 86.
2. Arrêté du 27 prairial an X, art. 3.

il aurait été dangereux de tolérer en dehors de la Bourse des réunions qui eussent favorisé l'agiotage. Aussi le législateur a-t-il constamment pris soin d'éviter d'aussi fàcheux abus.

En conséquence, il répute illicite et interdit à toutes personnes, même aux agents de change, tout rassemblement en dehors de la Bourse ayant pour but de traiter des opérations de Bourse.

VI. *Dispositions prohibitives abrogées par la loi du 28 mars 1885.* — Cette loi reconnaît la validité des marchés à termes, même lorsqu'ils constituent des jeux ou des paris et elle interdit expressément l'application à ces marchés de l'article 1965 du Code civil. Elle abroge en même temps les anciens textes en contradiction avec le régime nouveau. C'est ainsi que l'article 2 abroge les articles 421 et 422 du Code pénal qui punissait de peines correctionnelles les paris sur la hausse et sur la baisse des effets publics et qui considéraient dans certains cas, comme des paris de ce genre les marchés à terme à l'égard des vendeurs à découvert. L'article 3 prononce également l'abrogation des dispositions des anciens arrêts du conseil des 24 septembre 1724 ; 7 août, 2 octobre 1785 ; 22 septembre 1786 ; de l'art. 15 chap. 1er et de l'art. 4 chap. II de la loi du 28 vendémiaire an IV qui prohibaient la vente à découvert d'effets publics.

La loi du 28 mars 1885 a également abrogé l'art. 85 § 3 du Code de commerce qui défendait aux agents de change de recevoir ou de payer pour le compte de leurs commettants et l'article 86 du même code qui leur défendait de se rendre garants de l'exécution des marchés dans lesquels ils étaient intermédiaires. Cette abrogation était une conséquence nécessaire des modifications apportées à l'article 13 du décret du 27 prairial an X, puisqu'elles suppriment l'obligation qui était imposée aux agents de change de se faire remettre les valeurs ou les sommes nécessaires aux marchés. Mais l'article 4 de la nouvelle loi rend les agents de change responsables de ce qu'ils auront vendu ou acheté. Cette responsabilité entraînant comme conséquence la nécessité pour eux de prendre des sûretés, en se faisant remettre des espèces ou des titres, l'abrogation de l'art. 13 de l'arrêté du 27 prairial an X n'apporte aucun changement essentiel ; car l'intérêt bien entendu des agents de change, leur fera exiger une couverture assez forte, pour être à l'abri des risques, que peuvent entraîner les opérations, dont ils sont les intermédiaires.

Après avoir exposé les attributions et les obligations des agents de change, nous avons à étudier leur intervention dans les diverses opérations de bourse.

# CHAPITRE IV

## DES OPÉRATIONS DE BOURSE.

Nous traiterons successivement dans ce chapitre : 1° des ordres de bourse ; 2° des opérations au comptant; 3° des opérations à terme ; 4° de la couverture exigée par les agents de change.

En ce qui concerne les opérations de bourse, nous aurons à examiner quels sont leurs effets: 1° entre les agents de change qui les exécutent ; 2° par rapport à leurs clients.

### § I. — *Ordres de bourse.*

Toute opération de bourse suppose un ordre d'acheter ou de vendre, qui ordinairement détermine le cours auquel la négociation doit être réalisée par l'agent de change. Cet ordre indique que l'opération devra être faite, soit au cours moyen, soit à un cours fixé ou limité, soit au mieux, soit au premier cours.

*Du cours moyen.* — Le prix en est fixé par la moyenne de tous les cours qui ont eu lieu pendant la bourse. Le client profite des chances bonnes ou mauvaises que peut présenter la variation des cours, sans être exposé à de grandes différences sur les chiffres qu'il avait prévus. Il s'assure par là contre l'exécution d'un achat au plus haut cours ou d'une vente au plus bas cours coté.

Les ordres au cours moyen se traitent avant la bourse : tous les jours une demi-heure avant l'ouverture officielle du marché, les commis d'agents de change se réunissent à la bourse et échangent entre eux les opérations qui leur ont été confiées au cours moyen. Les transactions ainsi faites, ayant lieu sans stipulation de prix, ne sont pas définitives, et ne tombent pas par conséquent sous l'application de la loi qui défend toute négociation en dehors des heures déterminées. Elles ne s'achèvent qu'à la fin de la bourse, quand le plus haut et le plus bas cours seront connus.

*Du cours fixé ou limité.* — Le cours fixé ou limité est celui que l'on détermine lorsqu'on veut s'en tenir à un certain taux pour l'achat ou pour la vente d'une valeur. Il semble que l'ordre devra être exécuté au taux indiqué, et que l'agent de change ne pourra acheter à un prix moindre ou vendre à un prix plus élevé. Mais il n'en est pas toujours ainsi ; le prix indiqué n'est, en réalité, qu'un *maximum* que l'agent de change ne doit pas excéder, s'il s'agit d'un achat, qu'un *minimum* qu'il doit respecter s'il s'agit d'une vente ; mais il peut parfaitement acheter meilleur marché ou vendre plus cher, et ainsi faire profiter son client des cours plus favorables que le cours fixé par lui.

*De l'ordre au mieux.* — L'ordre donné au mieux est celui qui confère à l'agent de change le droit d'acheter ou de vendre de la manière qu'il jugera la plus favorable aux intérêts de son client.

*Du premier cours.* — L'ordre donné au premier cours est celui par lequel on détermine que le taux de l'opération sera le premier cours porté sur la cote du jour, à l'issue de la Bourse. Mais il ne suffit pas qu'un cours ait été coté, pour qu'il ait toujours été possible d'effectuer une opération de vente ou d'achat à ce prix. En général, on ne peut vendre facilement et à jour dit, quel que soit l'ordre donné, qu'autant qu'il s'agit de valeurs qui se traitent par grandes quantités. Il peut arriver en effet qu'il n'y ait qu'un cours de fait sur un titre, et, dans ce cas, il n'est pas possible d'établir un cours moyen, ou s'il y a eu plusieurs cours, qu'ils n'aient porté que sur un petit nombre de titres, et, dans ce cas, rien d'étonnant que la négociation n'ait pas été faite ; il peut encore arriver que le cours fixé n'ait pas été coté du tout. Si l'ordre n'a pas pu être exécuté immédiatement, le temps pendant lequel il reste valable est déterminé par les usages de la Bourse (1).

1. Les usages sont les suivants : si l'ordre a été donné à la Bourse, cet ordre ne vaut que pour la bourse du jour ; s'il a été donné par

L'obligation du secret auquel les agents de change sont astreints, a pour conséquence de faire exécuter l'opération : d'une part, entre l'agent de change du client vendeur et l'agent de change du client acheteur ; d'autre part, entre chaque agent de change et son client.

## § II. *Des opérations au comptant.*

Les opérations au comptant consistent à acheter ou à vendre des titres contre espèces. Dans ces marchés tout doit s'exécuter immédiatement : livraison des titres et paiement des espèces. Quant aux délais pour l'exécution des marchés, ils varient suivant qu'il s'agit de titres au porteur ou de titres nominatifs.

L'exécution des opérations au comptant fait naître, comme on va le voir, diverses obligations à la charge des agents de change. Voici en quoi elles consistent : s'il s'agit de titres au porteur, ils doivent être livrés par l'agent vendeur et payés par l'agent acheteur dans l'intervalle d'une bourse à l'autre (1) : la propriété est transférée par la simple tradition manuelle.

S'il s'agit d'effets nominatifs, par suite de la nécessité

correspondance, il vaut pour la semaine en cours ; enfin s'il a été donné « valable jusqu'à révocation » l'agent de change est tenu d'exécuter, dès que les cours rendent l'exécution possible et tant que l'ordre n'a pas été révoqué.

1. Arrêté de l'an X, art. 13.

du secret, la mutation de propriété rend indispensable la formalité du transfert, et la réalisation du marché exige plus de temps. Il faut en effet que la propriété des titres passe des mains du client vendeur en celles de son agent de change par voie de transfert d'ordre; puis de celui-ci à l'agent acheteur et enfin de ce dernier au client acheteur.

Le règlement des agents de change de Paris déclare que la livraison doit être faite avant la sixième Bourse qui suit celle de la négociation, trois jours après que l'agent acheteur a remis ses noms et acceptation et ceux de son client.

Voici comment s'opèrent, d'après M. Bozérian, les mutations nécessitées par le transfert. « Le client vendeur dépose un lundi, par exemple, son titre entre les mains de son agent de change avec ordre de vente. La négociation a lieu à la Bourse du même jour au profit d'un confrère qui achète. Le lendemain, avant la Bourse, ce dernier remet à l'agent vendeur le bulletin de négociation qui le plus souvent porte son propre nom. C'est ce que les agents appellent la remise des noms qui doit être faite dans les 24 heures. Le mercredi surlendemain de la vente, le client vendeur est appelé au bureau des transferts pour signer le transfert du titre vendu, et le jour suivant un titre nouveau est remis à l'agent vendeur.

Si, dans le bulletin, l'agent acheteur n'a pas donné le nom de son client, le titre est fait à son propre nom, l'agent vendeur retire ce titre et l'envoie à son confrère avec le bordereau de négociation en échange duquel il touche le prix de la vente. L'opération est alors complète pour le vendeur. L'agent acheteur la termine avec son client en signant le même jour un transfert au nom de ce dernier et en transmettant les pièces au Trésor où l'inscription est immatriculée au nom du véritable acquéreur.»

Si avant la cinquième Bourse l'effet vendu n'est pas livré à l'agent acheteur, ce dernier peut prévenir l'agent vendeur par une affiche visée par un des membres de la Chambre syndicale, qu'à la Bourse du lendemain, il fera racheter ledit effet pour son compte, à ses frais, risques et périls. Cette affiche est apposée avant la Bourse dans un tableau placé dans l'intérieur du cabinet des agents de change. L'achat est fait par un des adjoints désigné par le syndic et un bordereau contenant mandat exécutoire, signé par le syndic et cet adjoint, est remis à l'agent de change créancier pour exercer son recours contre l'agent débiteur.

D'autre part, l'exécution des opérations au comptant fait naitre les obligations suivantes entre les agents de change et leurs clients.

Dès que l'opération est faite, l'agent de change envoie à son client un bordereau constatant les obligations nées de l'opération : obligation de l'agent de change de livrer l'argent ou les titres provenant de la vente ; obligation du client de lui livrer les titres ou d'en payer le prix, s'il ne l'a pas fait d'avance en donnant l'ordre.

Le client doit fournir à son agent de change les moyens

de remplir les engagements résultant du marché, quand le moment où ces engagements doivent être remplis, est arrivé. S'il ne le fait pas, l'agent de change l'*exécute*, c'est-à-dire qu'il se procure lui-même les moyens d'exécuter le marché.

A cet effet l'agent de change après avis préalable donné au client, s'adresse avant la bourse au syndic ou à l'un de ses adjoints et celui-ci, après en avoir délibéré, prononce s'il y a lieu, que les effets seront rachetés ou revendus dans la bourse du jour aux frais, périls et risques de la partie en défaut. Est-ce l'acheteur qui a fait défaut, l'agent prend livraison des titres, en paie le prix, puis les revend afin de recouvrer la somme qu'il a été obligé de débourser. Est-ce le vendeur, l'agent achète les titres nécessaires et les revend.

Si le rachat se fait à un prix plus élevé que la vente ou si la revente se fait à un prix moins élevé que l'achat, l'agent de change s'indemnise de la perte à l'aide de la couverture ; il garde les espèces ou fait vendre les titres qui la constituent jusqu'à due concurrence.

Le client créancier de l'argent ou des titres a pour l'exécution de cette obligation un privilège de premier ordre sur le cautionnement de l'agent de change (1).

1. Loi 25 nivôse an XIII, art. 1. — Code civil, art. 2102-7°.

## § III. — *Des opérations à terme.*

Ici encore nous examinerons quelles sont les obligations qui naissent de l'exécution des marchés à terme :
1° entre les agents de change qui les exécutent ; 2° entre
l'agent de change et son client.

Les marchés à terme comme ceux au comptant sont
conclus par l'intermédiaire de deux agents de change :
ils sont constatés entre eux par un acte fait double ; chacun d'eux signe l'un des doubles et le remet à l'autre le
lendemain du marché. Un échange analogue a lieu entre
chaque agent et son client.

Les négociations à terme consistent à acheter ou à
vendre des valeurs mobilières en stipulant que le marché
ne recevra son exécution qu'à une époque déterminée
qu'on appelle *liquidation*. Les époques de liquidation sont
fixées au quinze et à la fin de chaque mois.

C'est principalement à l'occasion de la liquidation que
l'exécution des opérations à terme fait naître des obligation entre les agents de change qui ont traité ensemble,
ainsi qu'entre l'agent de change et son client. Mais avant
d'expliquer quelles sont les règles de la liquidation, il
nous a paru nécessaire de donner un aperçu des diverses opérations à terme.

Les marchés à terme sont de deux sortes : les marchés fermes et les marchés à primes appelés aussi marchés libres.

Dans le but de faciliter les opérations, le syndicat des agents de change à réglementé les marchés à terme et les a soumis à certaines conditions. Le terme ne peut pas excéder deux mois ; le choix du terme n'est pas libre même dans la limite des deux mois ; il est nécessairement placé à la fin du mois actuel ou du mois prochain, fin courant ou fin prochain. La quotité à négocier n'est pas libre non plus, on n'admet que certaines quantités de valeurs ou leurs multiples, par exemple : 1500 francs de rente française 3 0/0 ; 2000 fr. de rente française 4 1/2 pour cent ; 25 obligations des compagnies ou bien des multiples de ces sommes.

1. *Marchés fermes.* — Les marchés fermes engagent à la fois l'acheteur et le vendeur sans que ni l'un ni l'autre puisse se dégager de son obligation en payant un dédit et sans qu'il puisse exister aucune restriction ultérieure aux conditions stipulées. L'acheteur peut cependant exiger la livraison à sa volonté et par anticipation des effets vendus contre le paiement du prix convenu. L'exercice de cette faculté donne naissance à une opération connue à la Bourse sous le nom d'*Escompte*, dont nous ferons connaître les formalités. Le droit d'Escompte reconnu par le règlement des agents de change de Paris, est toujours réservé d'une manière expresse dans les engagements

échangés entre les agents et dans ceux remis ou deman-
dés aux clients.

Les marchés fermes se règlent d'une manière très simple, lorsque le vendeur ou l'acheteur sont tous deux en
mesure et ont la volonté de liquidér leur opération à son
échéance. Il y a lieu alors à une simple remise des titres
en échange du prix convenu : les engagements signés par
les agents de change sont immédiatement annulés.

Mais le plus souvent, les ventes à terme ont lieu à découvert, c'est-à-dire que lors de la conclusion du marché,
le vendeur n'a pas entre les mains les titres et l'acheteur
n'a pas le montant du prix. Le vendeur qui vend à découvert espère qu'avant l'arrivée du terme, il pourra, grâce à
la baisse acheter des titres à un prix inférieur et réaliser
un bénéfice égal à la différence des prix. L'acheteur à
terme au contraire espère, qu'avant l'échéance du terme,
la hausse se produira et qu'il pourra revendre les mêmes
titres pour un prix supérieur à celui qu'il doit payer. Dans
ces deux cas, si les parties n'ont eu en vue que de spécu-
ler sur la différence des cours, le vendeur à terme paiera
en cas de hausse, une somme équivalente à celle qu'il
perdrait, s'il devait acheter les titres pour en faire la livraison ; tandis qu'en cas de baisse, l'acheteur paiera au
vendeur une somme égale à celle qu'il perdrait, s'il devait
revendre les titres à l'échéance du terme pour se procurer le prix qu'il doit payer.

Les marchés fermes sont très dangereux parce que les
contractants n'ayant pas la faculté d'y renoncer en doi-

vent subir toutes les conséquences éventuelles. Il est vrai que le spéculateur conserve, ainsi que nous le verrons plus loin, la faculté de se faire reporter, mais ses capitaux n'en sont pas moins engagés, et si la baisse se prolonge, il peut perdre des sommes considérables. Aussi la gravité des risques du marché ferme a-t-elle fait imaginer une autre opération dans laquelle on peut limiter la perte : c'est le marché libre ou à prime.

11. *Marchés à prime.* — Les marchés à prime (1) sont des marchés à terme dans lesquels, au moyen d'une somme ou prime payée par avance, l'acheteur conserve la liberté ou d'exiger la livraison, si les cours lui sont favorables au jour de la liquidation, ou de renoncer au marché dans le cas contraire.

Les marchés à prime ont, par rapport aux marchés fermes, cet avantage pour l'acheteur qu'il peut, en cas de baisse imprévue, limiter sa perte au montant de la prime. Par contre, les marchés à prime offrent ce désavantage pour le vendeur que sa perte n'y est pas limitée, tandis que son bénéfice ne peut pas excéder le montant de la prime. A raison de ce désavantage, le prix en est plus élevé que celui des marchés fermes. La différence s'explique par cette considération que le vendeur trou-

_______

(1) C'est, en définitive, une vente avec arrhes (cf. Code civil, art. 1590), mais seulement en faveur de l'acheteur, le marché étant ferme pour le vendeur. — Si le marché est maintenu, la prime est un acompte à déduire sur le prix ; dans le cas contraire, l'acheteur est absolument délié de son marché en abandonnant la prime.

verait facilement des acheteurs à vente ferme et que, par
conséquent, il ne consentira à vendre ses titres à prime,
en laissant à son acheteur la faculté de résilier le marché, qu'à un prix plus élevé. L'acheteur devra, par
exemple, payer 1050 fr. une action qui est vendue cou-
ramment 1000 fr., mais il aura l'avantage de pouvoir
résilier le marché moyennant une indemnité de 10 ou de
20 fr., s'il survient une baisse sur les prix ; si le contraire
a lieu, s'il trouve à revendre 1200 fr. l'action qu'il a
payée 1050 fr., il aura gagné 150 fr. tout en n'ayant
risqué que 10 ou 20 fr. : la différence des cours entre les
ventes à prime et les ventes fermes est donc rationnelle.

Quant au montant de la prime il varie beaucoup. En
général il est de 1 fr. ou de 0 fr. 50 pour les rentes sur
l'État français, c'est-à-dire que la somme à abandonner
pour l'acheteur est de 1 fr. ou de 0 fr. 50 par 3 fr., 4 fr.
ou 4 fr. 50 de rente, selon que l'opération porte sur de
la rente 3, 4 ou 4 1/2 °/₀. On dit dans le langage de la
Bourse que la prime est dont 1 fr., dont 50 centimes.
Pour les actions on stipule des primes de 10 fr., parfois
même de 20 fr.

Les acheteurs à prime ont à exercer une option lors
de l'arrivée du terme. Ils la font connaître, en principe,
par une déclaration qu'on appelle la *réponse des primes*.
Quand l'acheteur renonce au marché, on dit qu'il aban-
donne la prime ; quand il en réclame l'exécution, on dit
qu'il lève (1). Le silence de l'acheteur est réputé impli-

(1) Il lève le titre, c'est à dire qu'il se le fait livrer.

quer abandon de la prime. La réponse des primes a lieu lors des liquidations des quinze et des fins de mois : elle exerce, en général, une grande influence sur les cours. En effet, les vendeurs à prime comme, du reste, la plupart des vendeurs à terme, ne sont guère que des vendeurs à découvert ; par conséquent, si les acheteurs lèvent la prime, c'est à dire exigent la livraison des titres, ils sont dans la nécessité de se procurer des titres à tout prix, ce qui détermine des demandes de titres et et amène la hausse. Lorsqu'au contraire les acheteurs abandonnent les primes, les vendeurs qui ont eu le soin de se procurer des titres doivent s'en défaire, ce qui amène la baisse (1).

III. *Des escomptes.* — La faculté accordée à tous les acheteurs dans les marchés à terme d'exiger la livraison des titres avant l'époque fixée pour l'exécution du contrat donne naissance, ainsi que nous l'avons dit, à une opération connue sous le nom d'Escompte.

Le vendeur, qui est mis en demeure de faire la livraison, des titres avant le terme, peut se trouver dans deux positions différentes : ou il a vendu à terme des titres qu'il avait en portefeuille : dans ce cas, il livre ses titres et en reçoit le prix ; ou il a vendu à découvert dans la pensée de

______

(1) La prime pourrait être exceptionnellement stipulée en faveur du vendeur : on l'appelle alors *prime pour recevoir* et on l'indique dans le marché ou à la cote en mettant dont 1 pour recevoir, dont 0 fr. 25 pour recevoir. Le vendeur acquiert ainsi le droit d'exécuter ou de résilier le marché à sa volonté. Cette prime n'est pas en usage chez nous, si ce n'est parmi les coulissiers.

racheter avant le terme : dans ce cas, il devra acheter au
comptant les titres exigés, afin d'être en mesure d'en
faire immédiatement la livraison.

On comprend dès lors qu'en usant de ce droit d'escompte, les acheteurs puissent provoquer un mouvement
de hausse sur les titres qui sont en jeu. Quelquefois l'a-
cheteur qui réclame la livraison fournit lui-même, sous le
nom d'un tiers et à des conditions onéreuses, les titres
qu'il a achetés à un cours inférieur, et il contraint l'escompté à les lui payer tout en les faisant rentrer dans
son portefeuille.

Lorsque le client acheteur veut user de son droit d'escompte, il se rend chez son agent de change et consigne
le prix d'achat. L'agent prévient alors son confrère vendeur, au moyen d'une affiche visée par le syndic ou l'un
de ses adjoints. L'affiche est apposée sur un tableau placé
à cet effet dans le cabinet de la compagnie : elle doit déterminer le prix et la quantité des effets escomptés. C'est
ce qu'on appelle l'*escompte par affiche ou escompte direct*
par opposition à l'*escompte indirect* dont nous allons
parler.

Souvent il arrive que l'agent escompté est acheteur chez
un confrère ; il peut dans ce cas user lui-même de la faculté de l'escompte vis-à-vis de son vendeur ; on dit alors
qu'il rend à ce confrère l'escompte du premier, c'est-à-
dire qu'il l'oblige à livrer en son lieu et place les titres
réclamés. Si ce troisième confrère est lui-même acheteur
chez un quatrième, il rendra, à son tour, l'escompte à

celui-ci et ainsi de suite jusqu'à ce qu'on arrive à un agent, qui ait vendu sans avoir acheté. Tel est l'escompte indirect. Il ne s'opère plus au moyen d'une affiche, mais seulement par une simple note prise sur le carnet et par la remise faite d'escompteur à escompté d'un bulletin portant l'indication des noms et prénoms du premier escompteur.

Les liquidations sont ainsi facilitées et peuvent le plus souvent se régler par le paiement de simples différences, car les agents de change tout en vendant des quantités de valeurs à découvert font le plus souvent sur ces mêmes titres des opérations inverses, c'est-à-dire des achats qui, en cas de demande anticipée leur permettent de rendre l'escompte à un confrère.

IV. *Des liquidations.* — La liquidation est le règlement des comptes que les agents de change peuvent avoir entre eux, ainsi qu'avec leurs clients à l'occasion des opérations à terme qu'ils ont effectués.

Voyons d'abord comment s'effectue le règlement des comptes entre agents de change.

Il existait autrefois deux liquidations par mois ; depuis le 7 février 1859 un arrêté de la chambre syndicale a supprimé les liquidations du quinze pour les titres qui sont assimilés aux rentes sur l'Etat ; mais dans la pratique, il existe encore deux liquidations pour certains titres moins importants et sujets à subir des variations de cours plus considérables. La liquidation en est faite le quinze de chaque mois (1), elle a pour objet de faciliter les opérations faites sur ces titres.

Deux opérations distinctes ont lieu pour la liquidation : celle qui s'opère d'agent à client et celle qui s'opère entre les agents de change et que l'on nomme liquidation centrale (1) ; c'est la plus importante.

Le dernier jour du mois ou la veille, si c'est un jour férié a lieu la *réponse des primes*. Le premier jour de Bourse du mois suivant, on effectue la liquidation des rentes françaises ; le deuxième jour la liquidation de tous les autres titres et valeurs industrielles ; le troisième jour est réservé au travail intérieur de chaque agent de change ; Ils balancent leurs comptes et se mettent d'accord sur les différences qu'ils ont à se payer et les effets qu'ils ont à se livrer. Le quatrième jour, les spéculateurs versent entre les mains de leurs agents de change les sommes dont ils sont débiteurs où les titres qu'ils doivent livrer. Le cinquième jour les agents de change font eux-mêmes les versements de titres où d'espèces dont ils sont

(1) Liquidation de quinzaine. A la première bourse qui suit le 15, liquidation de toutes les valeurs qui se négocient deux fois par mois. Le deuxième jour de bourse est réservé au travail intérieur de chaque agent de change. Le troisième est consacré au pointage des capitaux entre les commis liquidateurs de chaque charge. Le quatrième ont lieu par l'intermédiaire de la Chambre syndicale la remise des effets et le paiement des capitaux. Art. 176. Règlement des agents de change.

(2) La liquidation centrale est régie à Paris par le titre IV du règlement des agents de change.

respectivement débiteurs entre eux, et la chambre syndicale les répartit entre les ayants-droit.

D'autre part, le premier jour de la liquidation, chaque agent énonce sur une feuille, la quantité de rentes dont il est acheteur ou vendeur pour solde chez chacun de ses collègues ; le deuxième jour, il fait sur une autre feuille, la même énonciation pour les autres valeurs ; le troisième jour, il inscrit encore sur une autre feuille sans mentionner les effets vendus ou achetés, la somme dont il demeure créancier ou débiteur vis-à-vis de chaque collègue. Ces trois feuilles sont centralisées entre les mains d'un employé de la chambre syndicale, agent-comptable de la compagnie : là elles sont controlés par un pointage fait le quatrième jour par lui avec l'assistance des commis-liquidateurs. Puis l'agent-comptable rédige quatre tableaux, deux pour l'argent, deux pour les titres ; un des vendeurs, un des acheteurs de titres ; un des débiteurs, un des créanciers de somme.

Le cinquième jour les agents débiteurs soldent leurs dettes. Pour cela les effets au porteur doivent être remis entre les mains de l'agent-comptable avant midi ; les effets transférables à une heure. Les sommes doivent avoir été versées à la banque et le récépissé de versement remis à l'agent comptable avant midi. Ayant alors les titres entre les mains, cet employé les répartit entre les agents d'après les tableaux dressés ; le compte de chaque agent créancier d'argent est crédité à la banque de la somme dont il est créancier.

La liquidation centrale donne lieu à de nombreuses compensations pour la facilité desquelles le syndicat des agents de change établit à chaque liquidation, un cours appelé *cours de compensation*. Ce cours est fixé par le syndic, ou par les deux adjoints de service.

Toutes les opérations se liquident au cours de compensation. Par conséquent, quand le client a vendu ou acheté au-dessous ou au-dessus de ce cours, il est débiteur ou créancier envers son agent de la différence.

Quelques exemples feront comprendre quel est le rôle que joue le cours de compensation.

Ainsi un spéculateur a acheté 4500 francs de rente 4 1/2 0/0 à 105 fr. chez un agent, et il a vendu la même quantité de rentes de la même espèce à 106 fr. chez un autre agent de change. Si le cours de compensation est fixé par la Chambre syndicale à 105 fr. 50, le spéculateur est censé avoir acheté et vendu à ce dernier cours soit pour 105,500 fr. Mais comme en réalité il a acheté à 105 fr. il recevra 500 fr. de l'agent acheteur et comme il a vendu à 106 fr. il recevra 500 fr. de l'agent vendeur ; ce qui fait un total de 1000 fr. La situation du client n'est pas modifiée par suite du cours de compensation : il reçoit la différence entière à laquelle il a droit, mais il la touche pour partie de deux agents de change différents. En définitive chaque client doit subir la perte ou réaliser le bénéfice qu'il aurait subie ou réalisé, s'il n'y avait pas de cours de compensation.

Le spéculateur n'est pas d'ailleurs dans la nécessité,

quand il est acheteur chez un agent et vendeur chez un autre, de faire opérer la compensation entre eux. S'il croit y trouver son intérêt, il peut comme on le verra tout à l'heure, liquider une seule de ses opérations et prolonger l'autre au moyen d'un report.

Il existe une autre compensation, appelée *compensation en titres*, dont le résultat se détermine par le nombre des titres vendus et celui des titres achetés et pour laquelle il n'existe pas d'ailleurs de règles spéciales. Quand un client est vendeur chez un agent de certains titres et acheteur chez un autre de titres de même espèce, il faudrait rigoureusement que ce client prît livraison des titres contre paiement du prix chez l'agent acheteur, et les livrât à l'agent vendeur contre réception du prix. Mais on peut arriver plus simplement au même résultat, si le client consent à ce que les deux agents de change compensent entre eux : les titres et le prix passent alors directement des mains d'un agent dans celles de l'autre.

Voyons maintenant comment s'effectue le règlement des comptes entre les agents de change et leurs clients.

Les clients doivent fournir à leur agent de change les moyens d'exécuter le marché, soit en lui envoyant les titres ou l'argent, soit en lui ordonnant de se les procurer en revendant ou en rachetant au comptant, soit en se faisant *reporter*. Cette opération a pour but de prolonger le marché du client, qui a besoin de trouver les fonds nécessaires pour payer à la fin du mois les achats qu'il a fait sans en avoir le prix à sa disposition.

Ainsi un spéculateur a acheté au cours de 99 fr. 4500 fr. de rente 4 1/2 0/0 livrable à la fin du mois parce qu'il croyait à une hausse prochaine ; la fin du mois approche et au lieu de hausse, il y a baisse, la rente est à 98 fr. S'il liquidait son opération, il ferait une perte de 1000 fr. ; il croit que la hausse finira par se produire et pour éviter de vendre à perte, il désire prolonger son opération. Pour cela, il recherche un capitaliste qui veuille bien se mettre à sa place pendant un mois, c'est-à-dire que ce capitaliste paiera pour lui la rente achetée et lui revendra pour la fin du mois suivant le même chiffre de rente à un taux plus élevé. Il n'aura qu'à payer une différence et si la hausse se produit, il aura évité une perte et peut-être même réalisé un bénéfice.

Le prix des reports varie à chaque liquidation : on peut dire qu'en général le prix du report augmente quand les valeurs sont en baisse et qu'il diminue lorsqu'elles sont en hausse. En effet quand la baisse arrive les vendeurs gagnent. S'ils ne sont pas munis de titres, ils achètent sur le marché plus bas qu'ils ne les ont vendus ; les acheteurs au contraire étant forcés de vendre au-dessous de leur cours d'achat ont intérêt à faire reporter. Plus la baisse s'accentue et plus le report s'élève : la baisse en effet est le bon moment pour acheter des valeurs, et pour détourner l'argent d'un placement définitif, il faut offrir dans le report un grand bénéfice.

On comprend au contraire que les acheteurs n'aient pas besoin de se faire reporter, quand c'est la hausse qui se déclare puisqu'ils peuvent revendre avec bénéfice les titres qu'ils ont achetés. L'argent est donc abondant, il est plus offert que demandé, d'autant plus que la hausse n'est pas avantageuse pour l'achat des valeurs ; d'où la conséquence que le report est très faible.

Il existe une autre opération qui, comme le report, a pour but de prolonger un marché, mais en partant d'un point de départ tout opposé : cette opération se nomme le *déport.*

Dans le report il s'agit d'un acheteur à terme, qui ne peut prendre livraison faute de capitaux disponibles et qui a recours à un tiers pour payer le prix, prendre livraison et se substituer à son vendeur jusqu'à la prochaine liqui-dation. Dans le déport, au contraire, c'est un vendeur à découvert qui, la hausse étant survenue contrairement à ses prévisions, ne s'est pas racheté et n'est pas en mesure au moment de la liquidation de faire la livraison des ti-tres. Dans ce cas il charge son agent de change de lui trouver un capitaliste qui lui fournira les titres nécessai-res. Il lui achète ces titres au comptant et les lui revend à terme livrables à la prochaine liquidation à un prix in-férieur au cours du comptant. Il prolonge ainsi son opé-ration en restant vendeur, mais en substituant un nouvel acheteur à son acheteur primitif. Le porteur de titres bé-néficie de la différence ; si la hausse arrive le spéculateur recouvre cette différence et peut même réaliser un béné-fice.

## § IV. *De la couverture.*

Ainsi qu'on l'a vu, les marchés à terme ont lieu, le plus souvent, à découvert, c'est-à-dire qu'au moment où l'opération doit se liquider, le vendeur n'a pas entre les mains les titres et l'acheteur n'a pas le montant du prix. Si les agents de change s'étaient conformés à l'obligation, qui leur était imposée, d'exiger le versement préalable des sommes destinées aux achats ou le dépôt des titres mis en vente, les marchés à terme n'auraient pas eu de raison d'être. Aussi les agents se bornent-ils à se faire remettre par avance une *couverture*, c'est-à-dire soit une somme en argent, soit des valeurs destinées à les couvrir des risques que les opérations peuvent leur faire courir, et à les mettre à l'abri, en cas de perte, de l'insolvabilité ou de la mauvaise foi de leurs clients.

Quels sont les droits des agents de change sur cette couverture ? Sous l'empire de la législation antérieure à la loi du 28 mars 1885, la couverture d'après un premier système était un paiement anticipé ; d'après un second, c'était un nantissement. De là des conséquences différentes :

En effet si l'on considère la couverture comme étant un paiement anticipé, il en résulte qu'elle ne pourra jamais

être répétée (1) par le client comme dette de jeu ou autrement, et que l'agent de change aura le droit de regar-
der comme siennes les valeurs qui lui ont été remises et
d'en user comme bon lui semblera, qu'il pourra notamment les réaliser, s'il y a lieu. Si on considère au contraire la couverture comme un simple nantissement, il
en résulte que l'agent de change ne peut en disposer sans
avoir rempli les formalités de l'art. 93 du Code de commerce.

La jurisprudence la considérait comme un paiement
anticipé, et décidait en conséquence, qu'elle n'était pas
sujette à répétition. C'est ce que consacrent plusieurs
arrêts et entre autres un arrêt de la cour de Paris du 29
août 1860 dont voici les motifs : « Attendu que les actions
dont il s'agit ont été remises entre les mains des défendeurs pour en opérer la vente, que de plus la vente a été
effectuée ; attendu que si C. prétend que la vente était
fictive, il est acquis aux débats qu'elle a eu pour but de
constituer au profit des défendeurs une garantie convenue entre les parties ; que cette condition licite et créée
dans le but de l'exécution et de la réalisation loyale des
opérations que les défendeurs confiaient à leur mandataire ne saurait être contestée ; qu'elle a eu lieu pour assurer par un *paiement anticipé* l'acquittement des dettes
auxquelles pourrait donner lieu le résultat éventuel des

1. A moins bien entendu, qu'il n'y ait eu dol, supercherie ou es-
croquerie. Art. 1967, Code civil.

opérations auxquelles ils se livraient ; qu'un paiement de cette nature, bien qu'il ait été fait pour une dette de jeu ne saurait aux termes de l'article 1967 du code civil donner lieu à répétition. » (1)

La Cour de Paris, par arrêt du 19 janvier 1867 (2), se prononce encore dans le même sens, et reconnaît en outre à l'agent de change, ainsi que l'avait déjà fait un arrêt du 28 février 1858 (3), le droit d'imputer la couverture sur les premiers déboursés faits par lui : « Considérant que les sommes remises à un agent de change à titre de couverture par le client qui opère par son entremise, constituent *un paiement fait par anticipation* et doivent s'imputer sur les premiers déboursés faits par l'agent pour le compte de son client. »

La jurisprudence était donc fixée en ce sens que la couverture remise par un client à son agent constitue un paiement volontaire et anticipé, et décidait en conséquence que cette couverture reçue par l'agent de change à raison d'opérations constituant des jeux de bourse n'était pas sujette à répétition.

En présence de la loi du 28 mars 1885, consacrant la légalité des marchés à terme, alors même qu'ils se résoudraient par le paiement de différences, il ne s'agit

1. Teul. et Camb. t. IX, p. 462. On peut encore citer dans le même sens un arrêt de la cour d'Aix du 3 juin 1868. Teul. et Camb. t. 17 p. 517 ; et un arrêt de cassation du 23 juin 1869, Teul. et Camb. T. 19, p. 121.

2. Teul. et Camb. T. 17, p. 61.

3. Bozérian. La Bourse, n° 481.

plus de rechercher si l'agent de change peut être tenu à raison du caractère fictif des opérations, de restituer les sommes ou valeurs par lui reçues en compte. Mais l'intérêt de savoir si l'agent de change est autorisé à l'avance à disposer librement de la couverture, ou s'il n'a au contraire entre les mains qu'un nantissement dont la réalisation serait soumise à des délais et à des formalités, subsiste encore.

Nous pensons avec M. Crépon (1) que la couverture doit être à la libre disposition de l'agent de change « par la raison très simple que s'il en était autrement, la couverture mentirait à son nom, puisqu'elle ne couvrirait plus rien ; et elle ne couvrirait plus rien dès lors qu'au moment où, d'après les règlements, l'opération doit être liquidée par le paiement des différences, la couverture ne se trouverait pas libre entre les mains de l'agent de change, pour l'empêcher de sortir de sa propre caisse, les sommes nécessaires à une liquidation dont il est responsable. Il est bien évident que c'est précisément pour éviter ce résultat que la couverture a été exigée par l'agent de change et consentie par son client. »

Nous n'en voudrions, d'ailleurs, pour preuve que l'usage adopté par les agents de change, de faire signer en blanc par leurs clients, au moment de la remise de la couverture, si elle consiste en valeurs, un ordre de vente qui assimile

1. Crépon. De la négociation des effets publics et autres, n° 202, p. 209.

la couverture en valeurs à la couverture en argent. En signant cet ordre en blanc, les clients manifestent bien l'intention d'aliéner leurs droits sur les valeurs remises et de mettre ces valeurs à la disposition des agents de change pour le paiement des pertes qui seraient la conséquence des opérations ordonnées.

Aucune difficulté ne peut s'élever si la couverture consiste en une somme d'argent : si les opérations ont abouti à des pertes, l'agent de change paie à l'aide des sommes qui lui ont été versées.

Dans le cas où la couverture aurait été originairement constituée au moyen de la remise de titres au porteur, il ne peut y avoir non plus de difficultés. La propriété des titres au porteur se transférant par la simple tradition, l'agent de change, après une mise en demeure qui peut avoir lieu par une simple lettre, réalisera les valeurs pour payer les différences.

Mais que décider si la couverture consiste en titres nominatifs? D'après M. Crépon (1), il n'y a pas de distinction à établir entre les titres au porteur et les titres nominatifs quant aux droits de l'agent de change à faire de l'argent avec les valeurs remises en couverture. « Les titres nominatifs se négocient comme les autres, tout aussi facilement que les autres, et si une formalité est nécessaire, le transfert, pour leur faire perdre le caractère de

1. Crépon, De la négociation des effets publics et autres, n° 208, p. 214.

titres nominatifs, quant à la circulation, à la valeur, à la réalisation, ils sont exactement dans les mêmes conditions que les titres au porteur. »

Toutefois, s'il était démontré que la couverture en titres ne constitue qu'un simple nantissement, la garantie ainsi remise à l'agent de change, sous le nom de couverture, constituerait un gage commercial. L'agent de change aurait sur les titres un droit de rétention et un privilège opposables aux autres créanciers de son client. Mais la réalisation du gage ne pourrait avoir lieu que conformémément aux dispositions de l'art. 93 du Code de commerce, c'est-à-dire huit jours après une simple signification faite au débiteur. Ce n'est qu'après l'accomplissement de cette formalité que le titre pourrait être vendu et que l'agent de change pourrait s'en attribuer le prix en paiement des sommes qui lui seraient dues.

# CHAPITRE V

## DE LA RESPONSABILITÉ DES AGENTS DE CHANGE

Les agents de change ayant été institués pour servir d'intermédiaires dans les opérations de bourse, deviennent les mandataires de ceux dont ils acceptent les ordres. A ce titre, ils sont rendus responsables, en vertu du droit commun, de toutes les fautes et négligences commises dans l'exécution de leur mandat, et ils le sont, avec d'autant plus de rigueur, que ce mandat est salarié (1).

De plus, par suite de leur privilège pour la négociation des effets publics, ils sont des mandataires nécessaires et de ce caractère, résultent des responsabilités d'une nature spéciale.

Les agents de change peuvent donc encourir soit une responsabilité générale en vertu du droit commun, soit une responsabilité spéciale résultant de la nature de leurs fonctions.

1. Art. 1992. Code civil.

§ 1. — *Responsabilité générale résultant du droit commun.*

La responsabilité générale des agents de change résultant du droit commun, porte notamment : 1° sur le retard dans l'exécution des ordres ; 2° sur l'exécution de ces ordres à un prix différent de celui qui avait été fixé par le client ; 3° sur le retard dans la livraison des titres ; 4° sur le retard dans le paiement du prix.

I. *Responsabilité en cas de retard dans l'exécution de l'ordre.* — En principe, l'agent de change qui a reçu un ordre de bourse, est tenu de l'exécuter sans délai, au jour indiqué par le client. Tout retard dans l'exécution, s'il en était résulté par suite de la variation des cours, un préjudice pour le donneur d'ordre, entraînerait la responsabilité de l'agent de change et autoriserait une action en réparation du dommage causé (1).

Toutefois, si l'agent doit en principe exécuter sans retard les ordres qui lui sont transmis, il ne peut être tenu de cette obligation qu'autant que les ordres sont formels et précis. Si ces conditions font défaut, il n'engage point sa responsabilité en s'abstenant et en demandant de nouveaux ordres (2).

1. Tribunal de commerce de la Seine, 31 mai 1882, Journal des valeurs mobilières, 1883, p. 42.

2. Paris, 18 décembre 1879, Jour. Trib. commerce, T. XXIX, p. 391.

Il pourrait arriver que le retard ait été motivé par des circonstances telles, que l'agent de change ait cru devoir surseoir à l'exécution de l'ordre qu'il avait reçu, jusqu'à ce qu'il lui ait été confirmé, mais dans ce cas même il serait responsable de son abstention. C'est ce qu'a décidé la Cour de cassation dans un arrêt de 1835 (1) en rejetant le pourvoi formé contre un arrêt de la Cour de Douai par un agent de change déclaré responsable d'un retard, qui semblait avoir été motivé par un sentiment de sollicitude pour les intérêts de son client.

II. *Responsabilité en cas d'exécution de l'ordre à un prix inférieur ou supérieur.* — Lorsque le cours auquel la négociation doit être réalisée est nettement déterminé, qu'il s'agit, par exemple, d'un ordre d'achat ou de vente avec un prix fixé, l'agent de change doit se renfermer exactement dans les limites de son mandat pour éviter d'engager sa responsabilité. S'il opérait la vente ou l'acquisition à un prix supérieur ou inférieur, il devrait tenir compte de la différence à son client (2).

L'agent de change est responsable non seulement du retard apporté dans la négociation, mais aussi de celui qui se produirait dans le règlement de l'opération.

III. *Responsabilité en cas de retard dans la livraison des titres.* — L'agent de change acheteur est responsable de la livraison des titres achetés au regard de son client, en

1. Sirey, 1835, 1, 518.
2. Trib. commerce Seine, 23 nov. 1852, Journal Trib. commerce. T. II, p. 40.

ce sens qu'il doit faire toutes les diligences nécessaires pour que cette livraison soit opérée dans les délais prescrits par les règlements. S'il laissait passer ce délai sans exiger la livraison et que l'agent de change vendeur devienne insolvable, il engagerait sa responsabilité.

Par contre, l'agent de change ne serait pas tenu d'indemniser son client du défaut de livraison des titres achetés, si ce fait provenait de l'insolvabilité de son confrère survenue dans les délais fixés pour le transfert et la remise des titres. Aux termes d'une délibération de la chambre syndicale, du 10 fructidor an X, sanctionnée par le règlement des agents de change de Paris (1), les effets au porteur doivent être payés et livrés dans l'intervalle d'une bourse à l'autre; pour les valeurs dont la remise exige des formalités de transfert, le délai est fixé à cinq jours. Si la déconfiture de l'agent de change vendeur survient dans cet intervalle de temps et a pour conséquence d'empêcher la livraison des titres à l'acheteur, celui-ci ne peut exercer aucune action en responsabilité contre son agent de change auquel aucune faute ni négligence n'est imputable.

IV. *Responsabilité en cas de retard dans le paiement du prix.* — L'agent de change vendeur est aussi tenu de faire toutes les diligences nécessaires pour que le montant du prix des titres vendus soit déposé entre ses mains dans les délais prescrits par les règlements. S'il ne l'a

1. Art. 129, règlement des agents de change.

pas fait et que l'agent acheteur devienne insolvable, il est responsable de cette insolvabilité. La Cour de Paris (1) a fait application de ce principe en décidant qu'un agent de change qui avait transféré un titre de rente à un de ses confrères réputé solvable sans exiger le paiement du prix dans les trois jours de ce transfert, était responsable de l'insolvabilité de celui-ci survenue le quatrième jour du marché : il devait en effet exiger le paiement en remettant à son confrère le bulletin de transfert.

Lorsque l'agent vendeur a touché le prix des titres vendus, il doit le remettre sans retard à son client.'

En résumé, dans toutes les hypothèses que nous avons parcourues, il s'agit de l'exécution d'un mandat. En conséquence, si le client n'a aucune faute à reprocher à l'agent de change il n'a pas d'action contre lui ; dans le cas contraire, il a l'action de mandat.

## § 2. — *Responsabilité spéciale.*

Les agents de change encourent une responsabilité spéciale : 1° en matière de transfert ; 2° en cas de vente de titres perdus ou volés ; 3° en cas de négociation de titres nuls ; 4° en cas de négociations faites par des femmes mariées ; 5° en matière de remplois de deniers dotaux ;

1. 24 avril 1822.

6° enfin en cas de fautes commises par leurs employés.

1° *Responsabilité en matière de transferts.* — Les agents de change ne sont pas seulement tenus de la responsabilité de droit commun, qui leur incombe comme mandataires de leurs clients ; ils sont en outre responsables aux termes de l'arrêté du 27 prairial an X, tant vis-à-vis des tiers que vis-à-vis du Trésor public, de la valeur des transferts des rentes sur l'État, en ce qui touche l'identité du propriétaire, la vérité de sa signature et des pièces produites.

Cette disposition, qui n'était originairement applicable qu'aux agents de change de Paris, fut étendue aux agents de change des autres villes par l'ordonnance du 14 avril 1819; toutefois la légalité de cette ordonnance a été contestée.

On a soutenu qu'il n'appartenait qu'au pouvoir législatif de fixer la responsabilité d'un officier public. Nous croyons que cette critique n'est pas fondée. La loi du 14 avril 1819, qui a autorisé l'ouverture dans chaque département d'un livre auxiliaire du grand-livre de la dette publique, se termine par un article (1) ainsi conçu : « Des ordonnances du roi règleront les mesures d'exécution propres à assurer dans tous ses développements les effets de la présente loi. »

Le même jour est intervenue une ordonnance relative à l'exécution de la loi du 14 avril 1819, c'est-à-dire rendue par délégation de la loi et pour son exécution. Or il

_______________

1. Art. 9.

est reconnu par une jurisprudence constante que les actes
émanant du pouvoir exécutif, mais rendus en exécution
et par délégation d'une loi, font corps avec elle et participent ainsi du caractère législatif. Nous pensons donc que
la responsabilité des agents de change, existe aussi bien
pour les mutations à opérer dans les inscriptions dépar-
tementales que pour les transferts à opérer à Paris sur le
grand-livre de la dette publique.

Nous avons dit que les agents de change étaient responsables, aux termes de l'arrêté de prairial, de la validité
des transferts en ce qui concerne l'identité du propriétaire
et la vérité de sa signature et des pièces produites. Toutefois la responsabilité de l'agent de change certificateur
ne s'applique qu'à l'individualité du vendeur. Si c'est
réellement le propriétaire de l'effet négocié qui en a consenti et signé le transfert, l'agent de change est à l'abri
de toute responsabilité. Aussi il a été jugé avec raison, qu'ils n'étaient pas responsables de la capacité
civile de leurs clients, lorsqu'il n'existait sur les titres
aucune mention de nature à appeler leur attention
sur ce point. Dans l'espèce, il s'agissait de la vente d'un
titre de rente remis à un agent de change de Paris
par une personne pourvue d'un conseil judiciaire. Le
transfert avait été opéré sur la certification de l'identité de
cette personne, sans que l'agent eût connu l'incapacité
qui la frappait (1). Sur une demande formée par le con-

1. Cassation, 8 août 1837, Sirey, C. N., 8, 1, 164.

seil judiciaire en nullité de transfert contre le Trésor et en responsabilité contre l'agent, la cour de Paris avait reconnu que la vente était régulière vis-à-vis du Trésor, mais avait déclaré l'agent de change responsable de l'incapacité de son client. Sur le pourvoi formé contre cet arrêt, la cour de cassation rétablit les vrais principes.

Des divergences d'opinion se sont également produites relativement au caractère et à l'étendue de la responsabilité des agents de change en matière de tranferts. D'après une première opinion à l'appui de laquelle on invoque un arrêt de la Cour de Paris du 23 janvier 1834, les articles 15 et 16 de l'arrêté du 27 prairial an X ne feraient pas peser sur l'agent de change une responsabilité absolue, mais seulement une présomption de faute que celui-ci pourrait détruire par des présomptions contraires tirées des circonstances à la suite desquelles il a procédé. Les adversaires de ce système soutiennent au contraire que la responsabilité consacrée par l'arrêté de prairial a un caractère inflexible et absolu. On fait observer que le législateur, en exonérant le Trésor public de la responsabilité qui lui avait été précédemment imposée, a entendu lui substituer, dans l'intérêt du crédit public et des tiers une garantie efficace et sérieuse; que dans ce but, il a imposé à l'agent de change le devoir de certifier c'est-à-dire de vérifier, et qu'il l'a rendu responsable non seulement de toute faute, mais aussi de toute erreur commise dans la vérification. C'est ce système que nous adoptons;

il a été consacré par un arrêt de la Chambre des requêtes du 11 juillet 1876 (1).

Les rigoureuses dispositions de l'arrêté de prairial an X, ne sont d'ailleurs applicables qu'au transfert des rentes sur l'État : elles ne doivent être étendues ni au transfert des actions de la Banque de France, ni au transfert des autres valeurs (2). En pareil cas, c'est d'après les règles du droit commun que la responsabilité de l'agent doit être déterminée. Il ne suffit donc pas d'établir, comme lorsqu'il s'agit du transfert d'inscriptions de rentes d'une part la certification de l'agent, de l'autre, la fausseté des signatures certifiées, il faut en outre prouver que le préjudice résulte d'une faute professionnelle commise par l'agent.

Au surplus, le transfert des actions de la Banque a été réglé par un décret spécial du 16 janvier 1808 et l'article 4 de ce décret se borne à ordonner que la déclaration du vendeur, signée sur les registres, sera certifiée par un agent de change, sans reproduire les dispositions de l'arrêté du 27 prairial. Il s'en réfère dès lors implicitement aux règles ordinaires, et l'agent de change ne doit être déclaré garant du transfert qu'autant qu'il sera établi qu'il y a eu faute, négligence ou imprudence de sa part.

A l'égard des transferts des autres valeurs mobilières,

1. Affaire Moreau. D. 77, 1, 25.
2. Req. 10 déc. 1878. Affaire Guyon. D. 1879, 1, 288.

il en est comme pour ceux de la Banque. Les agents de change ne pourraient être poursuivis en garantie que si quelque faute leur était imputable.

La distinction que nous venons d'établir entre la responsabilité incombant aux agents de change, en vertu des dispositions de l'arrêté de prairial et celle qui résulte de l'application des règles de droit commun, entraîne des conséquences au point de vue de la prescription de l'action en responsabilité. En effet, l'article 16 de l'arrêté du 27 prairial de l'an X, porte : « L'agent de change sera, par le seul effet de sa certification, responsable de la validité des transferts en ce qui concerne l'identité du propriétaire, la vérité de sa signature et des pièces produites : cette garantie ne pourra avoir lieu que pendant cinq années, à partir de la déclaration du transfert. » Est-ce à dire que l'agent de change ne pourra jamais être recherché pour la validité du transfert après cinq années écoulées depuis la déclaration? Nullement; cela veut dire que la responsabilité spéciale de l'arrêté de prairial ne pourra être invoqué après cinq années, et que la demande ne sera pas admise après ce délai, si on se fonde uniquement sur l'article 16 de cet arrêté. Il crée en effet une responsabilité spéciale, rigoureuse, mais en regard il crée aussi une prescription spéciale, dont il n'est pas permis d'étendre la durée, quand il s'agit de l'intervention de l'agent de change, telle qu'elle a été prescrite et déterminée par l'arrêté. Mais il peut arriver, même lorsqu'il s'agit du transfert d'une

inscription de rentes sur l'Etat, que la fausse certification émanée de l'agent de change constitue non-seule-
ment un manquement aux prescriptions de l'arrêté, mais
encore une faute d'après le droit commun. Si donc le demandeur, au lieu d'invoquer l'arrêté de prairial, pour-
suit en vertu du droit commun, s'il offre de prouver la
faute professionnelle de l'agent, il ne sera pas écarté par
l'exception tirée de la prescription quinquennale, et son
action pourra être exercée pendant trente ans.

II. *Responsabilité en cas de vente de titres perdus ou volés.*
— La responsabilité des agents de change est encore engagée par la vente et la livraison des titres perdus ou
volés, ou sortis des mains du propriétaire par quelqu'é-
vènement que ce soit. Elle a été fixée par les dispositions de la loi du 15 juin 1872.

« Les avantages immédiats de cette loi sont d'empêcher
la négociation des titres au porteur dont on a été dépossédé, ainsi que le paiement des coupons et du capital devenu exigible, entre les mains de ceux qui s'en
sont emparés. Elle a aussi pour effet de permettre au
propriétaire dépossédé de toucher les intérêts ou dividendes de ces titres, d'en recevoir sous certaines conditions les capitaux échus, et d'en obtenir des duplicata
sans attendre les longs délais ordinaires de la prescription. » Ainsi s'expriment MM. Morel et Desrues dans l'in-
troduction à leur commentaire de la loi de 1872. Nous
nous occuperons uniquement des dispositions de cette

loi qui engagent la responsabilité des agents de change, dans le but de sauvegarder la propriété des titres.

C'est dans l'article 11 que se trouvent les conditions que le propriétaire dépossédé doit remplir pour prévenir la vente de ses valeurs. Aux termes de cet article, l'opposant qui voudra prévenir la négociation ou la transmission des titres dont il a été dépossédé, devra notifier, par exploit d'huissier au syndicat des agents de change, une opposition renfermant les énonciations prescrites par l'article 2 de la présente loi : l'exploit contiendra réquisition de faire publier les numéros des titres (1). Cette publication sera faite un jour franc au plus tard, par les soins et sous la responsabilité du syndicat des agents de change de Paris dans un bulletin quotidien établi et publié dans les formes et sous les conditions déterminées par un règlement d'administration publique. Le même règlement fixera le coût de la rétribution annuelle due par l'opposant pour frais de publicité. Cette rétribution annuelle sera payée d'avance à la caisse du syndicat, faute de quoi la dénonciation de l'opposition ne sera pas reçue ou la publication ne sera pas continuée à l'expiration de l'année pour laquelle la rétribution aura été payée.

1. D'après l'article 2, l'acte de notification indique : le nombre, la nature, la valeur nominale, le numéro et, s'il y a lieu, la série des titres. — Il devra aussi, autant que possible, énoncer l'époque et le lieu où l'opposant est devenu propriétaire, ainsi que le mode de son acquisition ; l'époque et le lieu où il a reçu les derniers intérêts ou dividendes, les circonstances qui ont accompagné sa dépossession, enfin une élection de domicile.

Le règlement d'administration publique annoncé par l'article 11 porte la date du 10 avril 1873. Il est ainsi conçu :

Art. 1er. — L'exploit signifié au syndicat des agents de change de Paris, en exécution de l'article 11 de la loi du 15 juin 1872, mentionnera en toutes lettres et en chiffres les numéros des titres dont la publication sera requise (1).

Art. 2. — Le recueil quotidien que publiera la Compagnie des agents de change de Paris, conformément au même article de la loi, portera pour titre : « *Bulletin officiel des oppositions sur les titres au porteur*, publié par le syndicat des agents de change de Paris. »

Art. 3. — Le prix de l'insertion sera de 0 fr. 50 par numéro de valeur et par an. En cas de mainlevée de l'opposition avant l'échéance de l'année, le prix payé restera acquis au syndicat.

Art. 4. — Le *Bulletin* publiera les oppositions par catégories de valeurs. Tous les numéros d'une même valeur seront inscrits à la suite les uns des autres par ordre augmentatif et en chiffres.

Art. 6. — Les parties intéressées ne pourront faire cesser la publication des numéros frappés d'opposition qu'en justifiant de la mainlevée de l'opposition dans l'une des trois formes suivantes : 1º par un acte notarié ; 2º par la remise de l'original de l'opposition ou de sa

---

1. L'article 1er comble une lacune de la loi de 1872.

notification au syndicat, avec mention de la mainlevée, ladite mention légalisée soit par un agent de change près la Bourse de Paris, soit par le président du tribunal civil, par le préfet ou le juge de paix du domicile de l'opposant ; 3° par la signification d'une décision judiciaire devenue définitive.

Néanmoins, lorsqu'il s'agira d'une mainlevée partielle, l'opposant pourra arrêter la publication partielle de son opposition par un simple acte extra-judiciaire, mais à la condition de représenter au syndicat l'original de l'opposition à restreindre ou de sa notification et d'inscrire sur ledit original, qui continuera de rester en ses mains, mention de la mainlevée partielle par lui consentie.

Art. 7. — Le prix de l'abonnement au *Bulletin* ne pourra pas dépasser 70 fr. par an ; le prix du numéro ne pourra pas dépasser 0 fr. 50.

Art. 8. — Le syndicat sera tenu de donner à tout requérant communication gratuite, sans déplacement, des numéros du *Bulletin* dont le tirage serait épuisé.

Art. 9. — L'opposant et les tiers porteurs successifs du titre frappé d'opposition ou leurs ayants-cause pourront obtenir du syndicat une copie certifiée ou un extrait des actes d'opposition ou de mainlevée les intéressant, moyennant un droit de un franc en sus du timbre.

Art. 10. — Toute personne pourra obtenir, moyennant un droit de 50 cent., l'indication du nom et du domicile de l'opposant, ainsi que la date de l'opposition.

Art. 11. — Le taux de la rémunération allouée aux agents de change pour mentionner sur les bordereaux d'achat les numéros livrés, est fixé à 5 centimes par titre.

Tel est le système de publicité organisée par la nouvelle loi, dans le but d'arrêter la négociation des titres frappés d'opposition. Quant aux effets résultant de l'accomplissement de ces formalités, la loi les détermine dans les articles 12 et 14 (1).

Art. 12. — Toute négociation ou transmission postérieure au jour où le *Bulletin* est parvenu ou aurait pu parvenir par la voie de la poste dans le lieu où elle a été faite, sera sans effet vis-à-vis de l'opposant, sauf le recours du tiers porteur contre son vendeur et contre l'agent de change par l'intermédiaire duquel la négociation aura eu lieu. Le tiers porteur pourra également, au cas prévu par le présent article, contester l'opposition faite irrégulièrement ou sans droit. Sauf le cas où la mauvaise foi serait démontrée, les agents de change ne seront responsables des négociations faites par leur entremise qu'autant que les oppositions leur auront été signifiées personnellement ou qu'elles auront été publiées dans le *Bulletin* par les soins du syndicat.

Art. 14. — A l'égard des négociations ou transmissions de titres antérieures à la publication de l'opposition il n'est pas dérogé aux dispositions des articles 2279 et 2280 du code civil.

1. Loi du 15 juin 1872.

En définitive la loi du 15 juin 1872 introduit deux modifications au droit commun : la première en ce qui concerne les droits du propriétaire dépossédé, la seconde en ce qui concerne la responsabilité des agents de change. Voyons en quoi consistent ces modifications.

D'après l'article 2279 et l'article 2280 du code civil, si le possesseur de la chose volée ou perdue l'a acheté dans une foire ou dans un marché ou dans une vente publique ou d'un propriétaire vendant des choses pareilles, le propriétaire originaire ne peut se la faire rendre qu'en remboursant au possesseur le prix qu'elle lui a coûté. L'innovation de la loi de 1872 à cet égard consiste en ce que le propriétaire dépossédé peut empêcher l'application de l'article 2280 au moyen de l'opposition signifiée au syndicat.

Si l'opposition a été faite, si les numéros des titres ont été publiés dans le bulletin et si le bulletin a eu le temps d'arriver par la poste dans le lieu ou s'est faite la négociation avant qu'elle n'ait été opérée, cette négociation sera sans effet vis-à-vis de l'opposant, sauf bien entendu comme l'indique l'article 12, le recours du tiers porteur contre son vendeur ou contre l'agent de change par l'intermédiaire duquel la négociation a eu lieu.

Si au contraire l'opposition n'a pas été faite ou si le bulletin n'a pas eu le temps de parvenir dans l'endroit où s'est faite la négociation, le propriétaire dépossédé ne peut pas invoquer le bénéfice de la loi de 1872, et il n'a d'autre recours que celui que lui fournit le droit commun par application de l'article 2279 et de l'article 2280 du code civil. Il en est de même bien que l'opposition ait été faite et que le titre n'ait été acheté que depuis la publication au Bulletin, s'il avait d'abord été acquis par un premier acheteur avant la publication de l'opposition. En effet le premier acheteur étant devenu légitime propriétaire avant la publication, son acheteur sera à l'abri des réclamations du propriétaire originaire et pourra lui opposer l'exception appartenant à son cédant.

Voyons maintenant les dispositions relatives à la responsabilité des agents de change.

D'après la jurisprudence antérieure à la loi de 1872, les agents de change qui avaient causé un dommage par leur faute au propriétaire dépossédé, en négociant les titres dont il avait été dépouillé, encouraient la responsabilité de droit commmun régie par les articles 1382 et 1383 du code civil, et étaient, pour ainsi dire, soumis à la discrétion des tribunaux. Dans la loi nouvelle leur responsabilité se trouve nettement définie par l'article 12. Si une opposition a été personnellement notifiée à l'agent de change, ou bien si l'opposition faite au syndicat des agents de change de Paris a été publiée et que le bulletin ait eu le temps de parvenir à cet agent de change, il sera responsable des négociations faites par son entremise. Dans le cas contraire, c'est-à-dire si aucune opposition n'a été faite ou si le bulletin n'a pas eu le temps d'arriver par la poste au lieu de la négociation, l'agent de change ne peut plus être déclaré responsable à moins de mauvaise foi de sa part.

Ainsi les cas où l'agent de change est ou n'est pas responsable de la négociation des valeurs au porteur, sont maintenant définis de manière à ne plus laisser place à aucun doute.

La loi déclare la négociation non avenue vis-à-vis du propriétaire, dont l'opposition a été faite en temps et lieu, qui peut revendiquer son titre contre le tiers porteur ; mais elle accorde à ce tiers porteur un double recours : un recours contre le vendeur du titre et un autre contre l'agent de change par l'intermédiaire duquel la négociation a eu lieu.

Quelle sera l'étendue de ce recours exercé par le tiers porteur contre le vendeur et contre l'agent de change ?

Contre le vendeur, on fera l'application des règles ordinaires de la garantie ; c'est ce qui résulte du principe énoncé dans le rapport (1) que le recours contre le vendeur est accordé en vertu de ces règles. La garantie due par le vendeur comprendra donc deux chefs principaux : 1° la restitution du prix qui lui a été payé ; 2° le paiement de dommages-intérêts. Les dommages-intérêts seront dus, si les titres ont augmenté de valeur depuis leur acquisition. Mais, à l'inverse, l'acheteur peut toujours réclamer la totalité du prix lors même qu'ils auraient diminué de valeur ; car la vente étant non avenue, il a payé sans cause.

1. Rapport de M. Grivart.

Doit-on appliquer les mêmes règles lorsque le recours est exercé contre l'agent de change ? Nous ne le pensons pas. L'agent de change n'est pas vendeur, il n'est qu'intermédiaire ; par conséquent, il ne peut être tenu de la garantie en cas d'éviction ; il est seulement responsable du préjudice causé. Le préjudice comprend la valeur dont l'acheteur se trouve privé par la faute de l'agent de change, c'est-à-dire, la valeur des titres au moment de l'éviction, de sorte que si la baisse était survenue pour ces titres, le propriétaire ne pourrait pas lui réclamer le prix de vente.

Les dispositions de la loi de 1872, relativement à la responsabilité des agents de change qui ont vendu des titres volés ou perdus, sont-elles applicables s'il s'agit de valeurs étrangères ? A notre avis il faut admettre l'affirmative. En effet comme le disait M. le conseiller Lepelletier, dans le rapport qui a précédé l'arrêt de la Chambre des requêtes du 13 février 1884 (1) : « Le législateur préoccupé de rendre plus entière la sécurité des propriétaire de titres au porteur, n'a pu avoir la pensée d'exclure des mesures de protection qu'il ordonnait les titres étrangers, au moment même où ils devenaient de plus en plus nombreux sur le marché français, où la Bourse leur était de plus en plus ouverte, où les Français eux-mêmes les acquéraient davantage. C'eût été à la fois une inconséquence au point de vue des intérêts particuliers et une faute économique au point de vue de l'activité du marché des valeurs :

1. Affaire Cahen d'Anvers, Dalloz, 1884, 1ʳᵉ p., page 265.

c'eût été d'autant plus étrange que la législation qu'on voulait compléter et notamment les articles 2279 et 2280 étaient certainement applicables aux valeurs étrangères comme aux valeurs françaises. Si cette exclusion avait été dans l'intention du législateur, il serait plus étrange encore que dans la discussion qui a précédé et préparé la loi, on ne trouvât pas trace de cette intention. »

Sans doute, il y a dans la loi du 15 juin 1872, des dispositions auxquelles échappent les titres étrangers, ce sont celles qui, comprises sous les articles 2 à 11, envisagent le titre perdu ou volé dans ses rapports avec l'établissement débiteur. Il est certain que si ces établissements sont à l'étranger, la loi française ne peut pas les atteindre et que là l'exterritorialité oppose un réel obstacle.

Mais s'il s'agit de négociations de valeurs étrangères effectuées en France, rien ne s'oppose à ce que la loi de 1872 soit appliquée. Elle devra l'être d'autant mieux que les dispositions qu'elle contient ont un caractère d'ordre public et de mesure de sûreté. D'où la conséquence signalée par M. Buchère (1) « que les oppositions signifiées par les propriétaires dépossédés à l'effet d'empêcher la négociation des valeurs étrangères au porteur, conservent leur effet en France, en ce sens du moins que les agents de change qui serviraient d'intermédiaires à la négociation de ces valeurs nonobstant l'inscription des oppositions au Bulletin, engageraient leur responsabilité per-

1. Traité des valeurs mobilières, p. 506.

sonnelle et pourraient être contraints à indemniser les opposants du préjudice qui serait résulté pour eux de cette négociation. »

III. *Responsabilité en cas de négociation de titres nuls.* — La responsabilité des agents de change peut encore être engagée par la négociation d'actions ou d'obligations émises par les sociétés contrairement aux prescriptions de la loi du 24 juillet 1867.

D'après les articles 1er et 24 de cette loi, les sociétés anonymes ne peuvent diviser leur capital en actions ou coupons d'actions de moins de 100 fr., lorsque ce capital n'excède pas 200,000 fr., et de moins de 500 fr., lorsqu'il est supérieur. Les sociétés ne peuvent être définitivement constituées qu'après la souscription de la totalité du capital social et le versement par chaque actionnaire du quart au moins du montant des actions par lui souscrites. D'après l'article 2, les actions ou coupons d'actions sont négociables après le versement du quart. Enfin l'article 14 punit d'une amende de 500 à 10,000 francs la négociation d'actions dont la valeur ou la forme serait contraire aux dispositions des articles 1, 2, 3 ou pour lesquelles le versement du quart n'aurait pas été effectué conformément à l'article 2. Il ajoute que sont punies de la même peine *toute participation à ces négociations* et toute publication de la valeur de ces dites actions.

En présence de cette disposition qui vise particulièrement les agents de change, comment ne pas admettre que, dans les cas où ils auront sciemment prêté leur ministère à la négociation d'actions de sociétés irrégulièrement constituées, leur responsabilité sera engagée et comprendra, outre la répression pénale édictée par l'article 14, la réparation du dommage causé à ceux qui en auront souffert. D'autre part, l'agent de change, ayant transgressé la loi en prêtant son ministère à un acte nul, ne peut pas contraindre son mandant à accepter l'opération et à lui rembourser les avances qu'elle aurait pu occasionner. Il faut évidemment décider de même pour les négociations d'actions qui seraient faites avant le versement du quart. Ces actes étant déclarés illicites engagent la responsabilité des agents de change et permettent aux tiers intéressés d'exercer un recours contre eux.

IV. *Responsabilité des agents de change dans le cas de négociations faites par des femmes mariées.* — La femme peut avoir entièrement le droit de disposer, et par suite, faire avec ses valeurs mobilières toutes les opérations que bon lui semble, mais c'est à la condition d'être fille ou veuve. La femme fille ou veuve a en effet liberté pleine et entière, et les ordres qu'elle donne à un agent de change peuvent être exécutés par lui, sans qu'il ait à craindre d'engager sa responsabilité.

Si la femme est mariée, elle ne peut, au contraire, faire à la Bourse aucune opération sans autorisation de son mari, et par conséquent les négociations qu'elle réaliserait à son insu seraient nulles. La nullité entraînerait nécessairement la responsabilité de l'agent de change, qui serait en faute d'avoir exécuté l'ordre donné par une femme sans avoir exigé d'elle la justification de sa liberté.

Pour ces deux cas, aucune difficulté : Mais qu'arrivera-t-il si l'ordre est donné par une femme séparée de biens ?

Il faut, selon nous, distinguer si les opérations entreprises par la femme ont en vue un placement ou une spéculation. Si la femme a des capitaux disponibles et qu'elle les emploie à faire des opérations avec l'intention de recevoir la livraison des titres achetés et d'en payer le prix, en un mot, si elle a l'intention de faire des placements, ces actes rentrant dans la gestion de son patrimoine sont parfaitement valables, et l'agent de change qui suit ses ordres est à l'abri de toute responsabilité.

Mais il n'en est plus ainsi quand il s'agit de spéculations véritables sur les variations des cours des effets publics et autres valeurs, de marchés se résolvant par des paiements de différences et non par des levées et des livraisons réelles de titres, quand il s'agit des opérations connues en jurisprudence sous le nom de *jeux de bourse* ; ce ne sont plus alors les dispositions et les aliénations auxquelles s'étend la capacité de la femme séparée de biens, mais des entreprises téméraires qu'une femme ne doit pouvoir tenter qu'avec une autorisation.

C'est d'ailleurs ce qui a été décidé par un arrêt de la Cour de cassation du 30 décembre 1862. Une femme

séparée de biens avait donné mandat de jouer à une personne qui avait reçu d'elle des sommes considérables et
les avait employées du consentement de la mandante à
solder la perte. Celle-ci, après que tout fût consommé,
assigna son mandataire en restitution, soutenant que les
ordres qu'elle avait pu donner n'étaient pas obligatoires
contre elle, en ce qu'elle avait agi sans l'autorisation de
son mari dont elle était séparée de biens. Cette préten-
tion avait échoué en première instance. Par arrêt du 30
novembre 1860, la Cour de Paris infirma la décision, considérant en droit que le mandataire n'était pas fondé à se
prévaloir des termes de l'article 1449 du Code civil, en ce
que les opérations dont il avait été l'agent, ne pouvaient
être confondues avec les aliénations et dispositions pour
lesquelles la loi attribue capacité à la femme séparée de
biens dans la mesure du droit d'administration en ce
qu'elles constituaient, au contraire, des actes de désordre
et de dissipation tels qu'ils avaient motivé la dation d'un
conseil judiciaire à celle qui s'y était livrée. En conséquence et sans s'arrêter à l'article 1967, la Cour consacra
en principe l'obligation de restituer.

Sur le pourvoi qui fut formé, il intervint un arrêt de la
Cour de cassation du 30 décembre 1862, d'après lequel :
« Si aux termes de l'article 1449 la femme séparée re-
prend la libre administration de ses biens et peut disposer de son mobilier et l'aliéner, la capacité à elle ainsi con-
férée se borne aux actes relatifs à l'administration de ses
biens et ne s'étend pas à des opérations de la nature de

celles qui ont eu lieu dans l'espèce et que l'arrêt qualifie comme ayant été des actes de désordre et de dissipation ; que l'article 1967 n'interdit la répétition des sommes payées que lorsqu'elles l'ont été volontairement, ce qui suppose que les paiements ont été faits par une personne ayant capacité, qu'ainsi l'interdiction ne s'applique pas à la femme mariée même séparée que l'article 1449 n'autorise pas à payer sans autorisation. »

Dans cette affaire, la femme fut donc autorisée à répéter les paiements faits par elle, en les faisant annuler pour défaut d'autorisation maritale : il faut en conclure que l'agent de change devra, s'il ne veut pas engager sa responsabilité, refuser d'exécuter tout ordre donné par une femme séparée de biens, si ces ordres n'ont pas trait à des opérations qui constituent des placements et qui, par conséquent, ne rentrent pas dans les actes d'administration pour lesquels la femme a une liberté complète, à moins toutefois qu'elle ne soit autorisée.

V. *Responsabilité des agents de change en matière de remplois de deniers dotaux.* — Les agents de change chargés de la négociation de titres appartenant à une femme, sont soumis, à l'égard des conditions d'emploi ou de remploi, aux mêmes conditions de surveillance que les tiers détenteurs de ces valeurs (1). Il faut donc, pour déterminer l'étendue de la responsabilité des agents de

1. Rouen, 7 avril 1886. Journal des valeurs mobilières, 1886, p. 224.

change en cette matière, rechercher si les tiers détenteurs de valeurs mobilières constitués en dot à une femme
mariée sont garants de l'emploi ou du remploi de ces
valeurs.

La responsabilité des tiers détenteurs résulte en principe des dispositions prises à leur égard dans les conventions matrimoniales. Si la condition d'emploi ou de remploi a été stipulée avec obligation pour les tiers de sur-
veiller l'accomplissement de cette condition, leur responsabilité serait engagée dans le cas où ils ne feraient
pas.

Par contre, il a été jugé (1) que, lorsqu'aux termes
de leur contrat de mariage, les époux ont été autorisés
à aliéner des valeurs dotales sous la seule charge d'un
remploi, sans garantie de la part des débiteurs acquéreurs ou dépositaires, l'agent de change chargé du remploi et qui l'a régulièrement effectué sur l'ordre des
époux, ne saurait être garant de la régularité de cette
opération.

VI. *Responsabilité des agents de change relative aux fautes
commises par leurs employés.* — Cette responsabilité dé-
rive des principes généraux du droit : il faut ici faire
l'application de l'article 1384 du Code civil qui rend les
maîtres et commettants responsables du dommage causé
par leurs domestiques et préposés dans les fonctions
auxquelles ils les ont employés.

1. Tribunal Seine, 9 janvier 1885. Journal des valeurs mobilières, 1885, p. 367.

Mais pour que cette responsabilité soit engagée vis-à-vis de l'agent de change, il faut qu'on se soit adressé à son commis comme le représentant lui-même et non par suite de rapports personnels et de telle nature qu'il en soit résulté un mandat spécial laissant en dehors l'agent de change.

C'est ce qui a été décidé par un arrêt de la chambre des requêtes du 21 novembre 1876. (1)

VII. *Garantie résultant du cautionnement.* — Les condamnations prononcées contre les agents de change, par suite des actions en responsabilité dirigées contre eux, sont, dans la plupart des cas, garanties par un privilège sur leur cautionnement.

Il y a toutefois lieu de distinguer suivant que cette responsabilité est encourue par l'agent de change, par suite d'une faute commise dans l'exercice de ses fonctions, ou par suite d'actes faits comme mandataire.

Mais d'abord quel est le sens des expressions « dans l'exercice de ses fonctions? » Nous le trouvons dans un arrêt des requêtes du 10 mai 1827 (2) : « Attendu que d'après les lois relatives aux fonctions d'agent de change, le privilège sur le cautionnement et la charge n'est accordé qu'aux créances résultant d'actes pour lesquels le créancier était forcé par la loi d'employer le ministère de l'agent de change, et qu'il n'est pas permis d'étendre le

1. Dalloz. 1878. 1. 19. Sirey. 1876. 1. 29.
2. Dalloz. V. Bourse de commerce, n. 387.

privilège à toute autre opération financière résultant de tout autre acte de confiance volontaire du créancier dans l'agent de change. »

Le privilège réclamé sur le cautionnement de l'agent de change, ne devra donc être accordé, qu'autant que les créances résulteront d'actes pour lesquels le créancier était forcé par la loi d'employer son ministère,

Ce caractère ne se rencontre que dans les négociations d'effets publics ou autres admis à la cote ; il fait défaut dans les négociations de valeurs non cotées. Nous avons vu, que d'après la jurisprudence dernière de la Cour de cassation (1), le monopole des agents de change ne porte que sur les effets publics et sur les valeurs cotées ; que pour les valeurs qui n'avaient pas été admises à la cote, le marché était libre. En conséquence, si pour les négociations de valeurs non cotées, on s'adresse à un agent de change, celui-ci n'est plus qu'un mandataire ordinaire ; et dès lors, au cas de faute dans l'accomplissement de la négociation, il ne peut pas être question *de fait de charge*, et partant de privilège sur le cautionnement.

1. Cassation, 1er juillet 1885. Sirey, 1885, 1, 257.

# BIBLIOGRAPHIE


### Droit romain

Accarias. — Précis de droit romain.

Demangeat. — Cours élémentaire de droit romain.

Ortolan et Labbé. — Explication historique des Institutes de l'empereur Justinien.

Maynz. — Cours de droit romain.

Gide. — Observation sur le contrat *litteris*.

Desjardins. — De la compensation et des demandes reconventionnelles dans le droit romain et dans le droit français ancien et moderne.

Pellat. — Textes choisis des Pandectes.

Marquardt. — De l'organisation financière chez les Romains. Traduction Vigié.

Guillard. — Les banquiers athéniens et romains.

Thèses. — Langlois. Paris, 1875.

    — Cruchon. Paris, 1875.

    — Da. Paris, 1877.

    — May. Nancy, 1873.

    — Thomasset. Grenoble, 1883.

### Droit français

Boistel. — Précis du cours de droit commercial.

Lyon-Caen et Renault. — Précis de droit commercial.

Crépon. — De la négociation des effets publics et autres.

Buchère. — Traité théorique et pratique des opérations de la Bourse.

Guillard. — Les opérations de Bourse.

Rambaud. — Du placement des capitaux en valeurs de Bourse.

Bédarride. — Des bourses de commerce.

Mollot. — Des bourses de commerce.

Thaller. — Cours de bourse professé à la Faculté de droit de Lyon.

Journal des valeurs mobilières. Années 1885-1886.

Dalloz. — Répertoire de législation. Supplément. Vº Agent de change.

Pandectes françaises. Vº Agent de change.

Répertoire général alphabétique du droit français. Vº Agent de change.

Ruben de Couder. — Dictionnaire de droit commercial industriel. Vº Agent de change.

Thèses. — Waldmann. Paris, 1874.

—          La Nièce. Paris, 1882.

**Droit Romain**

## POSITIONS PRISES DANS LA THÈSE :

1° Il y a solidarité légale entre *argentarii socii.*

2° Les lois 27 *de Pactis* et 31 *de Novationibus* ne se contredisentpas.

3° Le contrat *litteris* consiste non pas en une seule inscription (*expensilatio*), mais en deux inscriptions corrélatives (une *expensilatio* et une *acceptilatio*).

4° Le privilège accordé à ceux qui avaient déposé de l'argent chez les *argentarii,* passe avant ou après les autres privilèges, suivant qu'il s'agit de dépôts réguliers ou de dépôts irréguliers.

5° Le banquier qui réclame plus que l'excédant résultant de la balance de son compte, est déchu de son droit pour toute la créance, et non pas seulement pour la somme par lui réclamée.

## POSITIONS PRISES EN DEHORS DE LA THÈSE :

1° La *transcriptio a re in personam* ne constitue pas une novation,

2° *Dies non interpellat pro homine.*

3° L'exception de dol opposée pour cause de compensation, n'avait pas pour résultat d'entraîner la déchéance du droit du demandeur, mais de diminuer le montant de la condamnation.

4° Le système de la compensation légale n'existait pas en droit romain, même sous Justinien.

## Droit Français

### POSITIONS PRISES DANS LA THÈSE :

1° L'agent de change est commerçant.

2° Le monopole des agents de change ne comprend que les valeurs cotées.

3° L'agent de change a le droit de disposer de la couverture pour se couvrir des différences qui peuvent exister, au moment de la liquidation des opérations.

4° Dans un transfert de rente, l'agent de change, n'est pas tenu de garantir la capacité du propriétaire.

5° La loi du 15 juin 1872, au point de vue de la responsabilité des agents de change, s'applique aussi bien aux valeurs étrangères qu'aux valeurs françaises.

### POSITIONS PRISES EN DEHORS DE LA THÈSE

### Droit civil

1° L'enfant né avant le 180° jour du mariage, nait légitime par une fiction de légitimité et non de légitimation.

2º Il n'y a pas antinomie entre l'article 692, du Code civil, d'après lequel, les servitudes continues et apparentes, semblent être les seules qui puissent s'établir par la destination du père de famille et l'article 694 d'après lequel, ce mode de constitution s'appliquerait aussi aux servitudes qui sont apparentes sans être continues.

3° L'enfant renonçant ne doit pas être compté dans le calcul de la réserve.

4° Le remploi fait par le mari pour sa femme, doit être considéré comme un acte de gestion d'affaires.

5° Le privilège du médecin, pour les soins de la dernière maladie, n'est pas restreint à la maladie, qui a causé la mort.

### Droit Commercial

1° Le mari seul peut donner à sa femme l'autorisation de faire le commerce ; l'autorisation de justice ne saurait y suppléer.

### Droit Criminel

1º L'aggravation de peine, appliquée à l'auteur principal, par suite d'une circonstance à lui personnelle, s'étend au complice.

2° En cas de concours entre une circonstance aggravante et les circonstances atténuantes, on doit commencer par l'aggravation avant d'appliquer l'art. 463 du Code Pénal.

3° En matière criminelle, si l'accusé est jugé par contumace, la cour qui aux termes de l'art. 470 (Inst. Crim.) prononce sur l'accusation, sans assistance ni intervention de jurés, peut accorder à l'accusé les circonstances atténuantes.

*Vu par le président de la thèse,*

A. BOISTEL.

Vu par le Doyen,

COLMET DE SANTERRE.

Permis d'imprimer :

*Le Vice-Recteur d'Académie,*

GRÉARD

# TABLE DES MATIÈRES

Paris. — Imprimerie des Écoles, H. JOUVE, 23, rue Racine.